Marisa Di Modica

I0164514

"LA MONTAGNOLA"

Villa Tagliafico, una storia d'amore

ADAGIO
www.adagioebook.it

*Alla mia mamma
che tanto ha amato questa casa
e troppo presto se ne è andata.
Oggi sarebbe felice.*

Sommario

PREFAZIONE

Ho impiegato tanto tempo a scrivere la storia di questa casa così amata, mi sono persa nei ricordi, ho rivissuto gioie e dolori e ho provato tenerezza e nostalgia.

Queste pagine sono la testimonianza scritta di tutto quello che abbiamo nel cuore, ed è dedicata a tutti i frequentatori della Montagnola, soprattutto ai più giovani. Vorrei che loro capissero quanta gioia, quanto dolore, quanto amore, quanta solidarietà, quanto valore c'è nella vita di questa casa.

La speranza è che ci sia sempre qualcuno che desideri conservarla e tramandarla ad altri piccoli che verranno.

L'AUTORE

Marisa Di Modica Garbarino, la figlia, la nipote, la Mamma, la zia Marisa, la cugina, la nonna, romana, Insegnante di matematica e fisica con la passione per i libri e per la sua meravigliosa famiglia.

I MIEI NONNI

Carlo Tagliafico, mio nonno, era nato a Genova il
24/7/1877, quarto di sei fratelli : Enrichetta, Valente,
Giovanni, Rodolfo e Clelia. Era un uomo piccolo di
statura, con un bellissimo viso, degli occhi grandi e
penetranti e, come spesso succede, compensava la sua
statura con un carattere forte, autoritario e autorevole.

Era temuto e rispettato. La sua infanzia non fu molto
serena, mi raccontava spesso che la sua sorellina Clelia era
prematuramente scomparsa e che aveva perso la mamma
all'età di 12 anni, il padre si era poi risposato ma la
famiglia non era cresciuta unita.

I ragazzi lavoravano nella fabbrica di pennelli del papà
Andrea, presto però cominciarono a non andare d'accordo
e decisero di prendere strade diverse: Valente emigrò negli
Stati Uniti e non se ne seppe più nulla, Carlo si fece
liquidare la sua parte e la investì in proprietà immobiliari
che gli consentirono di vivere di rendita tutta la vita,
Giovanni tenne la fabbrica ed Enrichetta rimase ad
occuparsi di lui che non si sposò mai, Rodolfo mise su
famiglia ma poi, rimasto vedovo, si aggregò ad Enrichetta
e Giovanni, rimanendone alle dipendenze. Io, ovviamente
,li ho conosciuti solo da vecchi i tre che vivevano insieme;

in occasione di qualche nostra gita a Genova li andavamo a trovare, erano tutti piccoli di statura tranne lo zio Ferruccio, scorbutici e attenti alle spese come dei genovesi purosangue ma, alla resa dei conti, anche generosi. Assistere alle loro conversazioni era come trovarsi di fronte ad una commedia di Govi.

Avevano tutti un carattere non facile, erano autoritari, orgogliosi, seri , severi , intelligenti e determinati.

Il nonno Carlo non ebbe più rapporti con loro per molti anni.

Il nonno viveva con la mia famiglia sin da quando era rimasto vedovo sei mesi prima che i miei genitori si sposassero e mio padre, per il quale la famiglia era la cosa più importante della vita, fece in modo di farlo incontrare a casa nostra a Roma, con lo zio Giovanni.

Erano imbarazzati e non volevano mostrarlo, ricordo che lo zio Giovanni entrò in casa e, invece di salutare il fratello che non vedeva da anni e lo aspettava nell'ingresso, disse "devo andare in bagno" e tirò diritto!

Vero che a quell'età si hanno esigenze impellenti ma noi ci rimanemmo male e il nonno pure. Due strani tipi, erano già negli ottanta anni, ma alla fine erano contenti di essersi ritrovati. Lo zio Giovanni era piuttosto benestante e, quando morì, lasciò alla mamma e alla zia Fanny alcune

proprietà e dei contanti per pagare la tassa di successione.
Una di queste ora è mia per eredità dalla mamma.

Il nonno, non dovendo lavorare per vivere, dedicava molto tempo ai suoi sport preferiti: caccia, pesca, gioco delle bocce, Ricordo che la mamma raccontava che quando a scuola le chiedevano "cosa fa tuo padre?" lei rispondeva vaga e imbarazzata, non so, gioca a bocce, va a caccia..." e l'insegnante scriveva, un po' seccata, "benestante!"

Nelle sue escursioni per andare a caccia gli capitò di venire nella zona di Acqui e si fermò a dormire in un albergo, "Il Giardinetto", situato proprio all'inizio di una strada chiamata Reg. Montagnola. Era un piccolo albergo immerso nel verde di quella campagna che a lui piaceva tanto. Si mangiava bene e lui era un appassionato della buona cucina e un ottimo cuoco. Fu proprio lì che incontrò l'amore della sua vita, era la figlia del proprietario, si chiamava Pierina Cresta, classe 1888. Si sposarono, lui era piccolo di statura , due grossi baffi sul suo bel viso, lei una bella donna, imponente, con un viso molto dolce, mia madre le assomigliava molto. Credo che per fare la foto di nozze abbiano fatto salire il nonno sopra uno sgabello per metterlo alla stessa altezza della nonna Pierina!

Andarono ad abitare a Genova in Via Lorenzo Pareto prima e poi in Piazza Alimonda nella casa in cui abita ancora la zia Fanny. Il nonno, che adorava sua moglie, per farle piacere, acquistò una bella villa proprio sopra l'albergo dei suoceri in modo che lei potesse passare l'estate vicino alla sua famiglia.

Era l'anno 1925 quello in cui nacque VILLA TAGLIAFICO oggi detta LA MONTAGNOLA.

Era una bella casa, molto signorile, aveva due corpi, uno di due piani e l'altro di tre, con il tetto a punta, due bei balconcini con la ringhiera in ferro battuto e uno stemma vescovile. Si accedeva alla sala centrale attraverso una larga scalinata rotonda posta di fronte al cancello d'ingresso. All'interno la sala da pranzo e il salotto avevano soffitti riccamente affrescati. Dalla sala da pranzo, attraverso una piccola porta e alcuni scalini si scendeva in cucina. C'erano ampie finestre con persiane e scuri all'interno e il pavimento era, com'è tuttora, di piastrelle di cemento decorate. In facciata ,come si usava allora, per ragioni di simmetria c'erano delle finestre finte.

Al primo piano si saliva attraverso un'ampia scala, anch'essa con i soffitti delicatamente affrescati (ne abbiamo riscoperti un paio qualche anno fa) e lì si trovavano le camere da letto. Ricordo che quella in cui dormivo io da bambina aveva i quattro angoli del soffitto dipinti con nuvole , angioletti e fiori lilla, li guardavo sempre prima di addormentarmi. L'altra invece presentava una decorazione analoga a quella del salotto, cioè un trompe l'oeil di un cielo aperto con vari altri elementi. La cornice dipinta che separava la parete dal soffitto era a quadretti marroni. Quante volte, stando sdraiata su quel letto, ho pensato che sembravano quadretti di cioccolata!! Sono sempre stata una golosa.

Di fronte alla scala altri due scalini portavano ad un piccolo bagno corredato solo di lavabo e water e senza acqua corrente, l'acqua, all'epoca e per molti anni ancora, si prendeva dal pozzo posto di fronte alla casa. Il pozzo dava un'acqua freschissima e buona ,noi la bevevamo prendendola direttamente dal secchio con il mestolo di rame.

Ora è chiuso con un bel lucchetto, forse asciutto, sostituito dall'acqua corrente che sa di cloro ma è tanto più comoda. Comunque fa parte del paesaggio, ci facciamo le foto dei bambini sulla scaletta laterale ed è sempre vietato salire sul terrazzino sovrastante per un ipotetico pericolo mai veramente verificato.

Dall'altra parte della strada principale, quella carraia dove più che automobili passavano i carri tirati dai buoi, c'erano circa 5000 metri quadrati di terreno coltivati a vigneto e orti, una casa per i mezzadri e una stalla in mattoni.

C'era un mezzadro ,si chiamava "Cicchen", traduzione dialettale di Francesco, con due baffoni e una faccia simpaticissima, la pancia tutta fuori dalla cintura, portava tutti i giorni verdura freschissima, frutta, uova e, ogni tanto, anche qualche gallina.

Al nonno piaceva la campagna, loro restavano lì da maggio a ottobre per seguire i lavori e la vendemmia trascurando talvolta un po' la scuola delle figlie.

Erano nate due figlie: Fanny il 5/1/1915 e Adalgisa il 6/5/1916, mia mamma, sono state le prime bambine che sono cresciute alla Montagnola, seguite poi da molti altri.

La mamma mi ha sempre parlato molto delle loro vacanze ad Acqui, mi raccontava che il nonno cucinava molto bene, faceva ravioli , lasagne, il famoso "tucco" cioè il sugo fatto con la carne intera e stracotta, lo stoccafisso ed altre delizie. La nonna mangiava con gusto ed era arrivata a pesare 110 chili! Ma il nonno l'amava ancora di più, per i genovesi la moglie grassa era sinonimo di benessere!

Il nonno, da buon genovese, era piuttosto attento, comprava le paste la domenica, le metteva sul mobile in sala e le contava, la zia Fanny passava e se le mangiava dicendo "ne conterà una di meno!", il nonno se ne accorgeva ma faceva finta di niente.

Il nonno ha sempre cucinato per sé quando viveva con noi ma , a turno, invitava me o mia sorella e noi eravamo felici di mangiare le sue leccornie. Un po' meno felice era mia madre perché lui ingombrava molto la cucina con tutti i suoi pentolini e criticava spesso, il suo modo di cucinare .

A tavola guardava nel piatto di papà e, scuotendo la testa, diceva: "povero Mario"! Poi la mamma e la zia sono cresciute ed hanno cominciato ad uscire, a far vita sociale, sempre accompagnate dalla nonna e con la disapprovazione del nonno.

Andavano in piscina ai Bagni, allora era la più grande d'Europa ed aveva due trampolini da cinque e da dieci metri. Avevano amiche e molti corteggiatori

La mamma era molto carina e aveva due occhi "parlanti", la zia era veramente bellissima, me lo dicono ancora adesso, lei assomiglia molto al nonno.

La nonna Pierina era ambiziosa, voleva che le sue figlie fossero sempre belle ed eleganti. Faceva fare in sartoria vestiti raffinati e costosi, il nonno brontolava un po' ma poi lasciava fare, era contento anche lui del risultato.

Andavano talvolta a ballare la sera in un locale molto bello che non esiste più, il Kursaal. Erano feste bellissime, loro molto eleganti, in abito da sera lungo e i loro corteggiatori (li chiamavano così) spesso erano ufficiali in grande uniforme. Ho qualche foto, sono molto belli da vedere.

All'epoca la zona "bagni" era uno splendore: c'era il Kursaal, la piscina, bei giardini, i campi da tennis dove la mamma e la zia andavano a giocare, il Grande Albergo

Antiche Terme dove si facevano feste sontuose, diversi altri alberghi, caffè all'aperto con musica dal vivo. Camminando verso Villa Tagliafico si incontravano l'albergo Firenze, il Roma, l'Italia e, dopo il fontanino dell'acqua marcia, il Valentino, la Felicità (si chiamava così un piccolo albergo), l'Isola Bella. Ovunque suonavano musica ed era pieno di gente.

La mamma raccontava che quando il nonno cercava la casa da comprare ad Acqui era indeciso fra quella che sarebbe poi diventata Villa Tagliafico e il Valentino e noi, ogni volta che tornavamo a casa a piedi dalla piscina, avremmo voluto il Valentino che ci avrebbe risparmiato la salita! Quante volte abbiamo fatto quella strada a piedi, la prima macchina la mamma l'ebbe quando io avevo circa otto anni. Spesso ci facevamo portare su da qualche carro trainato dai buoi che passava di lì oppure, a turno, salivamo in piedi davanti sulla vespa di Osvaldo, il figlio di Cicchen che ci portava fino all'Isola Bella.

La domenica tutta la famiglia andava a far visita alle cugine proprietarie dell'albergo Eden. L'Eden, all'epoca, era veramente un bell'albergo. I clienti venivano prelevati alla stazione con la carrozza a cavalli, il servizio era in guanti bianchi, i clienti erano i migliori, c'era un bellissimo giardino.

I cugini dell'Eden erano tanti: Emilio, Nando, Rina, Edvige, Tina, Mafalda e la sua gemella morta bambina, figli di una sorella della nonna, non erano belli ma simpatici e allegri; la mamma e la zia Fanny ci andavano volentieri, incontravano un mucchio di gente simpatica, bevevano una buona gazzosa e passavano il pomeriggio.

Purtroppo non c'è più nessuno di loro, l'Eden è stato venduto ma mai riaperto ed ora è fatiscente.

Pierina Cresta e Carlo Tagliafico

Pierina Cresta

Carlo Tagliafico

Retro di Villa Tagliafico e panorama sulle colline acquesi

Pierina Cresta   Il mezzadro Francesco "Cicchen"

Il pozzo di Villa Tagliafico su cui non si poteva salire

Nonno Carlo e nonna Pierina in carrozza

Villa Tagliafico: la casa, i pini

La famiglia Tagliafico (Pierina, Carlo, Fanny e Adalgisa)

Zia Amelia, Gisa e in fondo a destra Carla Pietropaoli

Gisa, Fanny e Enrico Banfi

Gisa e Fanny

Gisa e Fanny alla Montagnola

Gisa e Fanny con Kuros e Abu ad un ballo al Kursaal

Mamma Gisa   Albergo Eden

GISA E FANNY

Questo bel periodo della loro vita alla Montagnola finì con l'insorgere della guerra e di tutte le sofferenze che questa portò. Qualche anno prima, fine anni trenta, la zia Fanny incontrò quello che sarebbe diventato suo marito contro la volontà di tutti: Abu Torab Bouzar Ghaffari. Era un ingegnere iraniano, uomo bello e affascinante a cui Diana assomigliava moltissimo, ufficiale di marina di stanza a Genova dove la zia lo conobbe. I nonni cercarono di farle capire che stava commettendo un grosso errore ma non ci fu niente da fare, nonna Pierina e nonno Carlo, dovettero cedere. Si sposarono, lui, mussulmano, si convertì (o meglio fece finta) al cristianesimo per sposarsi in chiesa, erano bellissimi. Dopo un anno, il 16/10/1939, nacque la loro prima figlia: Irandokt e dopo sei mesi partirono per l'Iran. Il nonno non glielo ha mai perdonato. La zia Fanny rientrò dopo sette anni, prima c'era la guerra.

Nel periodo della guerra la Villa Tagliafico fu preziosa. I nonni con la mamma si trasferirono lì perché in città la vita era troppo difficile, alla Montagnola invece il cibo non è mai mancato. Purtroppo la nonna si ammalò di "un brutto male", allora lo chiamavano così, era un tumore all'utero e morì nel maggio del 1943 nell'ospedale di Recco

27

lasciando il nonno e la mamma nella più grande disperazione, aveva solo 55 anni. Erano rimasti soli nella Villa e non potevano neanche comunicare con la zia Fanny, lei non ha saputo della morte della sua mamma fino a quando non è rientrata in Italia nel 1946. Durante una delle visite all'Eden, poco prima che la nonna morisse, mia madre conobbe mio padre. Era un bell'uomo, alto ed elegante nella sua divisa da ufficiale con una bellissima mantella nera foderata di seta cremisi. Si trovava lì perché,ferito di guerra, era venuto a fare i fanghi. Era sfinito, aveva fatto la guerra come ufficiale dei bersaglieri, in Jugoslavia e in Africa. Aveva combattuto nella famosa battaglia di El Alamein, ma questo merita un discorso a parte, me ne ha parlato per il resto della sua vita.

Mi raccontava che quando conobbe mia madre pensò subito "io questa me la sposo".

Si sposarono ad Acqui, nella chiesa della Madonnina il 5/1/1944 ed andarono a vivere a Castagneto D'Enza per sei mesi, poi tornarono alla Montagnola dove il nonno era rimasto solo.

La mamma mi raccontava della tristezza che aveva provato quando, arrivata a Villa Tagliafico, aveva visto il nonno seduto sulla sua solita poltrona sul terrazzino che li aspettava. Da allora il nonno ha sempre vissuto con noi. Negli anni precedenti Villa Tagliafico aveva subito alcune trasformazioni: lo scalone d'ingresso era stato demolito e, al suo posto era stata costruita una cucina con un terrazzo sovrastante perché il nonno, che passava molto tempo in cucina, si era stancato di andare su e giù; era stato costruito un accesso laterale alla cucina tramite alcuni scalini ed un altro direttamente alla sala da pranzo con scalini e terrazzino. Questo terrazzino di accesso non era grande ma ci stavano comode due poltrone di vimini una di fronte all'altra, quella che guardava il cancello e, quindi poteva controllare tutti i movimenti del giardino, era occupata di diritto dall'anziano di casa, in quel momento il nonno Carlo, in seguito mio padre e poi la zia Fanny.

Il salotto a piano terra era diventato la camera da letto del nonno sempre per questioni di scale; il mezzadro Cicchen era stato sostituito da Guido.

La casa era sempre bella anche senza riscaldamento, fuori faceva freddo ma dentro c'era un turbinio di stufe a legna e di scaldaletto e i miei ci hanno passato un paio di inverni. Anzi, esattamente un anno dopo il loro matrimonio nacque mia sorella, era il 5/1/1945, fuori c'era un metro di neve, c'erano i bombardamenti, la mamma non voleva andare a partorire in ospedale perché aveva paura così mio padre si mise gli stivaloni e andò a cercare una levatrice. La levatrice arrivò e aiutò la mamma che partorì sul tavolo della sala da pranzo perché era la stanza più calda. Fu un parto difficile e doloroso ma la bambina stava bene e la mamma si riprese in fretta.

La chiamarono Rosa Piera come le due nonne ma poi le venne affibbiato dal nonno il soprannome di Cilla per il verso che lei faceva correndo dietro alle galline proprio alla Montagnola, dai mezzadri. Questo è rimasto il suo nome, quello con cui tutti la conoscono. La mamma le aveva foderato la culla utilizzando il suo abito da sposa.

Finalmente nel 1946 la zia Fanny riuscì a ritornare in Italia dalla sua famiglia e arrivò ad Acqui con le sue bambine. Infatti, mentre era a Teheran aveva avuto un'altra bambina, Diana , nata il 21-11-1943.

La sua vita a Teheran era diventata impossibile a causa della diversità di cultura e tradizioni. Suo marito era un personaggio importante nel giro dello Scià di Persia ma la sua mentalità era quella tipica del musulmano: nessuna considerazione per le donne e quindi per sua moglie. Per di più aveva avuto due femmine piuttosto che l'agognato maschio! La zia non rientrò più in Iran e lui la "ripudiò" alla sua maniera, cioè gli bastò dirlo perché avesse effetto legale al suo Paese.

In Italia lei non potè mai avere il divorzio, rimase vedova dopo molti anni. Quando mia mamma la vide arrivare con due bambine disse subito "ne hai due? Allora anch'io ne voglio un'altra" e così l'anno dopo, il 13/6/1947 nacqui io ad Imperia.

I miei genitori risiedevano allora a Diano Marina ma l'ospedale era ad Imperia e questa volta mia madre aveva voluto andare in ospedale a partorire. Si racconta che quando mio padre arrivò in clinica e gli dissero che aveva un'altra femmina lui abbia girato i tacchi perché non valeva la pena di fermarsi! Lui voleva fortemente un maschio, non l'ha mai avuto ma ha passato il resto della sua vita a ringraziare il cielo per avergli mandato delle femmine!

Mio padre era siciliano e, pur essendo un uomo del suo tempo, ha sempre dimostrato una straordinaria apertura mentale e una grande capacità di precorrere i tempi.

Ci ha sempre detto di viaggiare perché viaggiando si impara a vivere, ci ha fatto studiare fino alla laurea inculcandoci amore per la cultura, ci ha spronato a lavorare perché "una donna deve lavorare ed essere indipendente" diceva, ci ha mandato in Inghilterra a studiare l'inglese quando avevamo solo 14 anni perché già sapeva quanto sarebbe stato importante conoscere questa lingua nel futuro.

Erano tutte cose che a quel tempo nessuno diceva e nessuno faceva ma lui era un uomo molto intelligente e illuminato ed anche severo ed autorevole. Nella vita lavorativa era stato un uomo importante, aveva sempre lavorato alla Shell diventando direttore generale per il Centro Italia e Sardegna con sede a Roma dove abbiamo vissuto da 1950 in poi. Aveva ricevuto dal Presidente della Repubblica l'onorificenza di Maestro del Lavoro, ne andava molto fiero. Aveva anche diverse decorazioni militari importanti di cui andava ancora più fiero come la croce di ferro consegnatagli da Rommel in persona sul campo ed altre che conservo gelosamente.

La mamma era una donna dolcissima, allegra, sempre col sorriso e una parola buona, di grande buon senso, intelligente e pratica. Lei capiva le persone, le sapeva prendere per il loro verso e far ragionare, era straordinariamente equilibrata ed amava moltissimo la Montagnola. I primi ampliamenti, le migliorie, le comodità che nel tempo ci siamo procurati li dobbiamo a lei, alla sua iniziativa, al suo coraggio.

La sua allegria era contagiosa, era molto amata da tutti, comunicava serenità e gioia. Quante volte con la radio accesa ci si metteva a ballare in pieno giorno, il nonno e mio padre scuotevano la testa fingendo di disapprovare ma si divertivano anche loro.

Gisa, nonna Pierina, nonno Carlo, Fanny e Abu

Il matrimonio di mamma e papà ad Acqui con il nonno e, dietro,
le zie dell'Eden

Iri e diana

Cilla e la casa dei mezzadri

LA NOSTRA INFANZIA

La guerra era finita e Villa Tagliafico si era ripopolata. Noi abitavamo a Roma, la zia Fanny, con Iri e Diana , a Genova ma passavamo sempre i mesi di agosto e settembre, anche fino al 10 ottobre, alla Montagnola tutti insieme. Nel mese di settembre ci davano cestino e forbici per aiutare a vendemmiare e poi ci mettevano tutte nei tini a pigiare l'uva. Noi ci divertivamo un mondo. Ci arrotolavamo i pantaloni ed immergevamo le gambe nell'uva fino al ginocchio e poi cominciavamo a pestare come se fosse un ballo. Nella vigna crescevano della buonissime peschette bianche e rosa che quasi non esistono più.

Se chiudo gli occhi le vedo e ne sento ancora il profumo e il sapore.

Era bello ed educativo questo contatto con la campagna e la sua vita, i nostri ragazzi non l'hanno vissuto, la vigna richiedeva molto lavoro, i mezzadri non si trovavano più e, quando è morto il nonno la vigna è stata tolta.

La zia Fanny, Iri e Diana venivano sempre da noi a Roma anche nel periodo di Natale e di Pasqua, stavamo molto insieme e ne eravamo felici, quante volte abbiamo dormito in due in un lettino, una in cima e l'altra in fondo, o in tre in un letto matrimoniale pur di stare insieme. Noi bambine siamo cresciute come quattro sorelle e alla Montagnola siamo state veramente bene.

Veramente io ero il bersaglio di quelle due dispettose che erano Diana e Cilla.

Loro erano agili e magroline, io piuttosto pigra e cicciotta così mi facevano i dispetti e poi scappavano ed io non riuscivo mai ad acchiapparle. Ero anche abbastanza credulona, un po' lo sono ancora, e loro mi raccontavano un mucchio di storie, anche un po' misteriose, io naturalmente ci credevo e mi spaventavo mentre loro ridevano. Per fortuna c'era la Iretta, era la più grande e con me giocava a far la mamma. Ricordo che per farmi dormire dopo pranzo mi diceva che una fatina mi avrebbe portato un regalo, io mi addormentavo subito e lei, mentre dormivo, mi confezionava, con degli avanzi di stoffa, delle bambolette o dei pupazzetti o altre cose che poi mi faceva trovare sotto il cuscino. Lei era molto dolce e consolatrice.

Il nonno ci aveva costruito un'altalena con legno e corde e l'aveva attaccata ad un ramo del pino vicino al cancello, a turno ci spingevamo a vicenda. Avevamo una bicicletta con cui facevamo giri intorno alla casa, anche lì a turno, un giro ciascuno e quando toccava a me, pur di non rinunciare al mio diritto, facevo il giro portandola a mano perché non ci sapevo andare!!

Giocavamo, per esempio, con le acque colorate. Il nonno conservava nel suo piccolo laboratorio di bricolage delle polveri di tutti i colori, noi gliene portavamo via un po' e coloravamo l'acqua e poi giocavamo al bar, c'era chi serviva e chi faceva la parte del cliente, imitando i grandi.

Un altro dei nostri divertimenti era andare dall'Angela, da "sesdì" (chiamavano così la casa di quella signora perché si raccontava che suo padre avesse sei dita!) a cercare "le pezze". L'Angela faceva la sarta, la sua casa era nella curva dove ora c'è la casa matta, quella tutta colorata, ci regalava gli avanzi di stoffa e noi cercavamo di cucire vestitini per le bambole.

Spesso veniva a giocare anche una bambina che passava l'estate dalla Olga, nella casa sopra la nostra, si chiamava Sandra, era carina e simpatica ed aveva l'età di Diana e Cilla così ce n'era una terza a far comunella contro di me. Ogni tanto si univa a noi anche Fiorenza, abitava in una casa a fianco ed anche sua madre ci dava le pezze e le uova fresche. Loro avevano anche i conigli nella gabbia, mi piacevano molto. Verso i 10/12 anni giocavamo alle attrici: io ero Jeanne Simmons e mio marito era Stewart Granger, Cilla era Ester Williams e suo marito Robert Taylor, Diana era Ava Gardner e suo marito Gregory Pek e infine, quando talvolta giocava con noi anche se era più grande, Iri era Elizabeth Taylor e suo marito Robert Mitchum. Per fare questo gioco dovevamo prima costruirci delle case così ci procuravamo canne, vecchie coperte, mollette da bucato con cui fissare le coperte alle canne che le sorreggevano e qualche tappetino da cucina e ,usando molta fantasia, assemblavamo il tutto. Normalmente sceglievamo quattro punti strategici: il terrazzino sopra il pozzo, il terrazzino vicino alla scala del paradiso, il gioco da bocce e il terrazzino panoramico, lì piazzavamo le nostre case. A questo punto ci procuravamo qualche tazzina, qualche bicchiere scompagnato e cominciavamo a farci visita chiacchierando del più e del meno e lamentandoci dei nostri mariti. Le nostre figlie spesso hanno ripetuto questi giochi , le nostre nipoti non li faranno, hanno un modello femminile tutto diverso per fortuna ma continueranno a fare le case con le canne e le coperte.

Una volta abbiamo messo su una mostra di pittura dove venivano esposti tutti i nostri capolavori. Veramente l'unica che sapeva disegnare bene era Diana e un po' Iri, io e Cilla proprio no ma avevamo messo all'asta anche i nostri lavori e, visto che il pubblico era formato da genitori e zii, avevamo comunque guadagnato qualcosa.

Un'altra volta abbiamo organizzato un festival della canzone italiana, sempre con lo stesso pubblico più qualche vicino compiacente, è stato grande, eravamo veramente stonate. Avevamo preparato un teatrino con tutte le sedie per il pubblico dietro la casa, sotto il gioco da bocce, c'era anche una presentatrice, non ricordo più chi fosse di noi. Diana si mangiava le unghie tirandosi tutte le pellicine, aveva i polpastrelli rovinati, e aveva continuato a mangiarsele anche mentre cantava Souvenir d'Italie, Ci siamo fatte un mucchio di risate e anche il pubblico si è divertito nonostante lo strazio per le orecchie.

Ogni tanto giocavamo alla guerra e per far questo scendevamo nella parte del giardino basso, di fianco alla scala del paradiso, perché lì c'erano molti alberi e quindi molti nascondigli. Le nostre armi erano fatte da pezzi di rami di fico che, essendo tutti storti, potevano sembrare delle pistole. Ci nascondevamo e se venivamo trovate diventavamo prigioniere. Io, non so perché, ero sempre legata ad un albero, per fortuna arrivava qualcuno a liberarmi e si ricominciava.

Allora le estati erano lunghe e tranquille, noi ci divertivamo un mondo con i nostri giochi senza giocattoli, qualcuno lo avevamo, certo non tutti quelli che hanno i nostri nipoti. Era bello inventarsi oggetti e situazioni, ci guadagnava il cuore e la mente. Poi siamo diventate un po' più grandi, già Iri, la prima, cominciava ad uscire la sera di sabato per andare a ballare al Lucciola, la sala da ballo sopra la piscina dei bagni, con mamma e zia, sempre accompagnata naturalmente!

Cilla era un po' gelosa di mamma e faceva capricci quando vedeva uscire Iri insieme a loro. Iri era molto bella e lo è ancora, usavano i vestiti a palloncino ,sono tornati di moda adesso, e quelli di tessuto clo-clo, un tessuto pieno di piccole bolle, a lei stavano benissimo.

Una volta l'autorità del capo famiglia si sentiva veramente molto, ricordo che certe sere mamma e zia per uscire da sole dovevano far finta di andare a dormire e poi passavano dalla finestra, così il nonno non se ne accorgeva. E dire che erano già adulte, sposate e con figli! Avevano diversi corteggiatori, ne ricordo tre: Verdese, un tipo bruttino, galante e tirchissimo; L'Ing. Baratta, un biondo che viaggiava sempre in coppia con un certo Tacchella, erano noiosi e insistenti, e mamma e zia li facevano correre.

Già uscivamo spesso di pomeriggio con "le mamme" e andavamo a bere una bibita al bar del "Lucciola", ricordo che il nonno avrebbe voluto che almeno una rimanesse a casa con lui ma noi stavamo spiccando il volo e non ci bastavano più i giochi in giardino. Io ero la più giovane ma mi sono accodata presto alle altre. Iri partecipava già un po' meno perché si era impiegata a Genova e veniva alla Montagnola solo il venerdì sera per ripartire la domenica.

Lei è sempre stata una ragazza molto seria e riservata, anche un po' timida e insicura. Sicuramente portava nel carattere tutte le conseguenze della sua formazione resa difficile dalla situazione familiare ed economica. La sua particolare sensibilità le ha impedito di scrollarsi di dosso le pene quotidiane per guardare avanti e questo l'ha penalizzata rendendola troppo responsabile e pensierosa. Insomma lei è maturata anzitempo a spese della propria felicità. La vita non è stata facile per lei neanche dopo.

Una sera l'ho fatta grossa, eravamo ad una festa al cascinotto di Sergio Sirito, proprio sotto la Montagnola dove c'è la casa della Olga, io avevo 14 anni, ero la più piccola e non molto considerata data l'età. Gli altri si nascondevano qua e là, a me non restava che bere quella buona cosa che avevano preparato ,credo l'avesse fatta Mario, e andare sull'altalena. Non avevo capito che quello che avevo bevuto abbondantemente era un Negroni piuttosto alcolico. Più tardi a casa sono stata veramente male, è statala mia prima sbornia e direi anche l'ultima così forte.

Ormai passavamo la mattinata in piscina, tornavamo per pranzo e riuscivamo verso le cinque tutte tirate per incontrare gli amici. Avevamo tanti amici, molti lo sono tuttora, sentivamo musica dal juke-box e stavamo allegramente e innocentemente in buona compagnia. Per finanziare il juke-box avevamo fissato una multa di 100 lire per ogni parolaccia che scappava ai nostri amici, allora non usava il turpiloquio, oggi saremmo miliardarie!

E cominciarono anche le prime cotte, i primi amori dolci e innocenti, i primi batticuore e tante risate, quelle di cuore che si fanno solo a quell'età e con quella spensieratezza. Cilla e Diana si facevano spesso la pipì addosso dal ridere con conseguenti figuracce. Una domenica sera, eravamo un po' più grandi, eravamo andate a cena fuori con degli amici e poi avevamo accompagnato Diana alla stazione (lavorava anche lei e doveva rientrare a Genova il lunedì); i ragazzi portavano Diana in trionfo sulle loro spalle e lei fece la pipì addosso Diana era un vero personaggio, simpatica, bella, intelligente, giocherellona, ha lasciato il segno in tutti. Lei ha vissuto le stesse difficoltà familiari ed economiche della sorella ma le ha vissute da seconda figlia, con più incoscienza e forse anche con più forza di carattere. Lei voleva essere felice nonostante tutto e ha lottato per realizzarsi. Aveva una personalità molto forte e decisa, sapeva quello che voleva e lo otteneva. Ci manca da morire.

Cilla anche era una ragazza piena di vita, bella, minuta e simpatica. La conoscevano tutti, era brillante, ballava benissimo e si faceva notare pur non essendo un'esibizionista. Per anni io ad Acqui, per farmi riconoscere dovevo dire che ero la sorella di Cilla! Ad Acqui c'è questa mania, non basta avere un nome ed un cognome, devi avere anche delle referenze, anche se magari sono quelle del verduraio sotto casa! Così per un po' sono stata la sorella di Cilla e poi sono diventata la Prof. Garbarino e mio marito, acquese di nascita, il marito della Prof.Garbarino!!

Oltre a noi Villa Tagliafico si popolò anche di amiche ospiti che ci chiedevano di venire qualche giorno in vacanza ad Acqui visto che ci divertivamo così tanto.

Fu il turno di Gillian e Pearl dall'Inghilterra, Linda Germi, la mia amica del cuore da bambina, Ute, la ragazza tedesca conosciuta a Forte dei Marmi, Cosetta e Sara, le mie compagne di scuola del Liceo, Rosy e Patrizia Palomba, le ragazze del terzo piano di Roma. Insomma un mucchio di belle fanciulle scendeva dalla Montagnola e andava in piscina; per i gestori della piscina e del Lucciola era promozione quindi ci facevano entrare quasi gratis, cioè con un paio di abbonamenti entravamo i sei o sette.

Anche tutte le nostre amiche hanno lasciato qualche cuore infranto, era fatale!

Dormivamo in quattro o cinque in soffitta, riadattata a camera da letto, ci scambiavamo i vestiti, le mamme stentavano a riconoscerci e pronunciavano regolarmente almeno tre nomi prima che l'interpellata rispondesse. Quante chiacchere e quante risate! Una volta, dopo una di quelle belle serate, i nostri amici decisero di venire a farci una serenata. Erano non so quanti in cima al pozzo e cantavano a squarcia gola, tutti in smoking e un po' brilli. Abbiamo dovuto lanciare secchi d'acqua per farli andare via prima che il nonno se ne accorgesse, per fortuna era un po' sordo! E poi noi credevamo davvero che il pozzo potesse crollare!!

E' stato un periodo magnifico, ci siamo veramente divertite, sono state le vacanze migliori. Ricordo anche le splendide feste all'albergo Antiche Terme, abiti da sera, smoking, buffet sontuosi, musica dal vivo con orchestre fantastiche, un sogno.

Un giorno di settembre del '63 un ragazzo mi disse "cresci ancora un po' poi ti faccio il filo" e, puntualmente, l'anno dopo a settembre, il 24 settembre per l'esattezza, cominciò la mia storia con Mario mentre finiva quella di Cilla con Giancarlo Bruno.

Era lei che avrebbe dovuto sposare un acquese, è successo il contrario. Anche questo lo devo alla "Montagnola". Mario era un ragazzo affascinante, intrigante, io avevo 17 anni e lui 11 di più e questo aumentava il suo fascino ai

44

miei occhi. Aveva una bruttissima macchina, una Austin A40, con cui mi portava in giro, certo non mi ha conquistato con quella! In quello stesso anno e precisamente ad aprile del '64 ci fu il primo matrimonio della terza generazione: Iri e Gianfranco si sposarono a Genova e l'anno dopo, a febbraio, arrivava Tiziana, la prima piccolina della quarta generazione della Montagnola.

A luglio del '66 ecco Daniela, la neonata più bella che abbia mai visto, e ad Aprile del '68 Roberta, sempre di Iri e Gianfranco. Gianfranco Traversa, ragazzo simpatico, già semi-pelato, giocherellone e scherzoso, voleva, anche lui come mio padre, un maschio e ad ogni gravidanza di Iri scommetteva con Mario una cena per tutti. Ha avuto tutte femmine e ha pure pagato tre cene. Ora credo che anche lui, come mio padre, ringrazi tutti i giorni di avere delle femmine.

Io e Cilla a settembre in quegli anni studiavamo, almeno durante la giornata, per preparare gli esami di ottobre. Titti veniva su in soffitta da noi, prendeva un blocco e una penna e diceva "tu tudi? Io chivo" e riempiva tutte le pagine del blocco di scarabocchi. Erano bambine molto carine ed educate, una volta Daniela, molto lenta a mangiare, era rimasta sola a tavola ma non si era alzata perché nessuno rispondeva alla sua richiesta di alzarsi:

"permesso?" aveva ripetuto infinite volte! Roberta era la più vivace, una testolina piena di ricci molto simpatica e maschiaccio.

Il 1966 fu anche un anno triste, il 2 aprile morì il nonno, aveva 89 anni. Era stato un uomo pieno di salute fino agli ultimi sei/sette mesi, poi aveva cominciato a perdere la testa. Ricordo che a settembre dell'anno prima, alla Montagnola, a turno, dormivamo con lui perché era capace di alzarsi e uscire senza rendersi conto che era notte. Quell'anno rimase a Genova con la zia Fanny quando noi tornammo a Roma dopo l'estate e dopo pochi mesi morì.

Io ero molto legata al nonno, era l'unico nonno che avevo conosciuto ed aveva sempre vissuto con noi. Da bambine veniva tutte le sere in camera nostra e diceva che ogni giorno una fata gli scriveva la favola da raccontarci. Erano favole molto belle e buffe che lui si inventava, tipo quella di Pochettin Tantetti! E noi tutte le sere gli chiedevamo trepidanti "nonno ti ha scritto la fata?". Per me fu un grande dolore e una grande mancanza anche se da tempo non mi raccontava più le favole. Mio padre diceva sempre "ecco ora sono l'unico uomo della Montagnola in mezzo a tutte queste donne, meno male che c'è il cane (Larry, il nostro barboncino!)". Il nonno ce l'ho sempre nel cuore.

A dicembre del '68 si sposano Diana e Bruno. La storia è stata difficile, Bruno era già sposato ma separato e, all'epoca, non era una cosa accettabile, non c'era il divorzio. Bruno era avvocato ed era talmente innamorato di Diana che trovò il modo per avere l'annullamento del suo precedente matrimonio dal Tribunale della Sacra Rota.

Credo che mio padre, uomo di altri tempi, non l'abbia mai saputo.

Il loro è stato veramente un grande amore. Ricordo la gioia che provammo quando Diana ci disse che finalmente potevano sposarsi.

Nel novembre '69 nasce Michel'Angelo, detto Michi, bambino bellissimo, nerissimo e combina-guai.

Insomma, piano ma inesorabilmente, la banda della Montagnola si moltiplicava e continuava a passare le vacanze lì, tutti insieme, già un po' ammucchiati ma insieme. E' vero che in questi anni ci passiamo periodi più brevi: noi fino a metà luglio abbiamo gli esami e poi andiamo al mare, Diana e Bruno passano parte delle vacanze in barca a vela, ci troviamo però sempre da metà agosto fino a fine settembre.

Gisa

Fanny

Cilla ,mamma Gisa, Marisa e Iri

Marisa, Diana, Cilla, Iri

Fanny e Gisa

Gillian, Diana e Cilla

Gillian, Cilla, Iri, Marisa

Mario e Gisa (mamma e papà)

Gisa pronta per uscire

Gisa, Iri e Fanny con Tiziana

Cilla, Marisa, Diana e Iri con Tiziana

Diana e Iri

Viste di Villa Tagliafico con i pini e l'unica macchina che c'era

Daniela, Michel'Angelo, Linda, Roberta e Tiziana con in braccio
Giorgio

Una delle tante tavolate

IV GENERAZIONE

Siamo al 1970. Dopo sei anni di fidanzamento contrastato, 600 lettere ed infinita determinazione ci sposiamo a giugno anche Mario ed io .La mansarda non può più essere la camera delle ragazze, ci vogliono letti matrimoniali e la mamma fa costruire sul retro due camere e un bagno grande. Villa Tagliafico perde un po' del suo stile ma guadagna spazio. Gli affreschi cominciano a sparire ricoperti di pittura bianca più economica e pratica, ne rimane uno solo in quella che era la camera del nonno dove ora dormiamo noi o i Traversa. Il tavolo del giardino si allunga , si comprano panche e sedie, la cucina è ancora quella vecchia ma almeno non tiriamo più l'acqua dal pozzo.

A giugno '71 si sposano anche Cilla e Tony e ad agosto nasce Linda. Avevo appena finito di dipingere la ringhiera del terrazzino di accesso alla sala da pranzo il giorno prima ed eccola lì la mia piccola, sempre alla Montagnola.

Ricominciano in giardino i giochi dei bimbi, i pianti, i capricci, le risate, i brontolii del nuovo nonno (mio padre) quando usciamo.

La famiglia aumenta e la mamma decide di rifare la cucina, anzi le cucine perché se ne fanno due. Si elimina la scaletta di accesso alla vecchia cucina, si dà la solita spallata e si costruiscono due ambienti separati completamente attrezzati, uno per il gruppo nonna Gisa e l'altro per il gruppo nonna Fanny. La cosa curiosa era che comunque non si faceva la spesa insieme, ogni cucina e ogni gruppo famigliare (anche all'interno della stessa cucina) si faceva la sua e decideva il suo menu, il caos era garantito. Non solo, se si chiedeva in prestito un uovo se ne restituivano 6 e così via. Non so se era l'influenza genovese del capostipite o se invece era rispetto per il denaro, forse un po' tutti e due. Certo che solo dopo molti anni io, Tiziana e Silena siamo riuscite a fare una cassa comune! Quando la casa era stata acquistata, pur essendo signorile, non aveva l'acqua corrente, dovevamo tirarla su dal pozzo con il secchio, quello di alluminio in cui poi si metteva un mestolo di rame e si beveva direttamente da quello; me la ricordo, acqua freschissima e buona, non sapeva di cloro! Da bambine facevamo il bagno in una tinozza dove veniva versata l'acqua riscaldata. La prima automobile nel '55.Non c'era il frigorifero, il nonno teneva il burro, marca Sublime, nell'acqua, per mantenerlo fresco, e ci scriveva sopra "Tagliafico" per timore che qualcuno lo usasse,e la formaggetta nel mobiletto nero in sala così quando apriva lo sportello dovevamo scappare per la puzza! Non c'era il telefono, la televisione, la lavatrice sembra impossibile, noi vivevamo benissimo ugualmente ma è vero che le donne di servizio abbondavano e faticavano molto di più.

Quando abbiamo avuto il giradischi lo abbiamo messo in sala ed è successo spesso che, all'ora di pranzo, se qualcuno metteva una bella canzone, uscissimo tutte dalla cucina e ci mettessimo a ballare mentre gli uomini ci guardavano scuotendo la testa in segno di disapprovazione, il nonno passava e spegneva il giradischi.

Chissà perché gli uomini non sono capaci di essere allegri per cose semplici, forse erano preoccupati che lasciassimo bruciare il pranzo! Bene ora c'erano tutte le attrezzature e noi continuavamo ad aumentare.

Nel marzo del'73 nasce Giorgio, nel dicembre del'74 Laura e, infine nel '77 prima Claudia e poi Nicola, l'ultimo di questa generazione. La casa cresce ancora, sembra quasi fatta con i lego. Aggiungiamo altre due camere e un bagno, una cameretta l'aveva già ricavata la mamma togliendo spazio alla sua e così siamo a otto camere da letto. E' stato ripristinato il salotto al piano terra perché abbiamo bisogno di un po' di spazio comune anche all'interno. Se piove è comunque un gran caos, è una casa da vivere all'aperto. Ora siamo: tre nonni, i miei genitori e la zia Fanny, otto genitori, nove bambini, un paio di cani e la storia ricomincia.

Diana, Marisa, Cilla, Iri nel 1987 per i 40 anni di Marisa

Gianfranco e Mario

Dall'alto; Daniela, Tiziana, Roberta, Michel'Angelo, Linda,
Giorgio, Laura, Claudia, Nicola

I SOLITI GIOCHI

I nostri bambini giocano di nuovo costruendo case con le canne e le vecchie coperte, fanno spettacoli e mostre di pittura come facevamo noi. Tiziana e Daniela sono le più sagge, Roberta è un po' maschiaccio e si intende benissimo con Michele, si picchiano regolarmente e, in genere, vince lei. Linda si unisce a loro ed anche Giorgio, gli altri piccoli stanno per loro conto. Facciamo cene con i nostri amici, partite a bocce, feste per i bambini. E' perché esiste La Montagnola che questo può accadere, è questo il posto in cui tutti possono venire perché nessuno è ospite, tutti hanno gli stessi diritti e gli stessi doveri e, soprattutto, tutti si vogliono bene. E' un bene che nasce dall'aver vissuto tanto insieme sin dalla prima infanzia, dall'essere cresciuti insieme. Ed è sapere con certezza che ci si aiuterà a vicenda se sarà necessario. Molti mi invidiano questa grande famiglia, sarà anche perché ne parlo con tanta fierezza e con tanto amore.

La Montagnola ora viene frequentata da tutti solo a settembre, Cilla ci viene un po' a luglio con mamma e papà perché a settembre riprende la scuola. Noi abbiamo comprato una casa a Cap d'Antibes e quindi a luglio e agosto andiamo al mare.

Diana e Bruno passano sempre le vacanze sulla loro barca a vela in agosto e ci vengono a trovare ad Antibes, lo hanno fatto per molti anni poi hanno deciso di andare alle isole Porquerolles e allora si fermano solo qualche giorno.

Alla Montagnola va sempre la zia Fanny ad agosto ed anche i miei genitori. Un anno la zia ebbe la "buona" idea di portare con sé il suo nuovo fidanzato: Santino. Mio padre era allibito, lei senza preavvisare nessuno, si era presentata con Santino dicendo "Ecco Zsa Zsa Gabor col suo terzo marito!" e giù una bella risata. Certo non era facile introdurre a quel punto un estraneo in una comunità come quella della Montagnola.

Tutti hanno mandato giù il rospo ma nessuno era contento. In realtà Santino era un brav'uomo, molto discreto ed educato, era un pesce fuor d'acqua in quel contesto, non c'entrava niente, era un estraneo e credo che si sentisse piuttosto a disagio. Era un uomo che sapeva fare di tutto, aggiustava mille cose, attaccava chiodi, ganci, ripiani…ecc. tutte cose che mandavano la zia in visibilio.

Non durò a lungo e noi non fummo per niente accoglienti, in effetti molto egoisti. In fondo la zia aveva avuto una vita difficile; era tornata dall'Iran sola, "ripudiata" dal marito, con due bambine che adorava e di cui voleva occuparsi, senza mezzi e pure rimproverata dal nonno che l'accusava di aver fatto morire sua madre di crepacuore.

Non era facile per lei rifarsi una vita, oltretutto in Italia risultava ancora sposata. Aveva incontrato una persona che le era stata vicino per anni e l'aveva aiutata molto e, alla morte del marito iraniano, l'aveva sposata per lasciarle quello che aveva garantendole un po' di serenità. Era stato un buon uomo Ciccio Ingrassia ma noi non l'abbiamo quasi conosciuto. Non era conveniente a quei tempi. La zia è sempre stata bella e simpatica, anche ad una certa età ha sempre avuto corteggiatori e ogni tanto si innamorava (vedi Santino). L'ultimo suo spasimante è stato accolto molto meglio dalla comunità. Si chiamava Arturo ed era già stato il suo fidanzato quando aveva 17 anni. Si sono poi ritrovati dopo 60 anni e si sono fatti compagnia. Ognuno stava a casa sua ma si vedevano spesso e andavano a ballare e poi passavano le vacanze ad Acqui, alla Montagnola. Un anno sono arrivata da Antibes e ho trovato Arturo molto male, ho chiamato il medico, l'abbiamo portato in ospedale e, dopo qualche giorno è morto. Mi è dispiaciuto, era una cara persona.

La Famiglia Jones e noi

Thea, Julia, Linda, Giorgio, Laura, Daniel e Claudia

RICORDI

Ho chiesto ai ragazzi di scrivermi qualche ricordo personale sulla loro vita alla Montagnola, queste sono le loro parole:

GIORGIO: *"Vi ricordate le olimpiadi che organizzavamo soprattutto con Michi, facevamo anche il salto in lungo e in alto, se non sbaglio; il grande coordinatore era mio padre, Tony. Ma dov'erano? Al campetto al di là della strada? E quando invece andavamo a rubare le pannocchie nei campi o a raccogliere le more per fare latte-e-more. Molto spesso in questi giri si passava davanti alla finestra del bunker di Michele che, nel tentativo di preparare gli esami di riparazione, si divertiva a schiacciare mosche col giornale....Ricordo le sfacchinate in bici ai bagni e fare il raccattapalle*
durante le partite di tennis di zio Mario. Una volta mi cazziò pesantemente perché mi ero mosso con la palla ancora in gioco facendolo, secondo lui, sbagliare.
Aggiungerei le ore passate a tirare rigori contro il muro, con la porta,
che a noi sembrava immensa, dipinta in gesso o vernice bianca.

Ultima cosa…ma il pozzo è veramente pericolante? Salirci era il tabù e l'ambizione di tutti noi, ovviamente sprezzanti del pericolo! "

Le pannocchie le avevamo rubate anche noi da bambine, poi le mettevamo nell'acqua e sale e le facevamo abbrustolire, erano molto buone. Il pozzo di cui parla Giorgio è quello davanti a casa da cui noi da bambine tiravamo su l'acqua da bere e da usare in casa. Il terrazzino che c'è sopra una volta aveva anche un pergolato di uva fragola, noi ci andavamo e la raccoglievamo poi , non so perché, qualcuno ci ha messo la paura che potesse cedere il pavimento che è fatto di una lastra di pietra unica e così abbiamo sempre impedito ai bambini di salirci. Io non credo proprio che sia pericoloso, sarebbe crollato la sera della serenata!! Comunque nessuno ci va, usiamo la scaletta di accesso per farci le foto dei bambini in ordine di età.

CLAUDIA: *" Queste sono le mie immagini:*
Super Cocco seduto sul water a finire la minestra…
L'uovo sbattuto di nonna Gisa e le uova da bere del contadino…

Le nostre mani sempre zozze secondo l'insindacabile giudizio di nonno a tavola:

"schiffi giorgini" odorando (ma che vor dì?!)

Le sei ore di viaggio per arrivare (4 con mamma e 6 con papà per la precisione)..con io e Giorgetto a cantilenare in modo alienante ad ogni ponte/galleria on the way uaaaaaaa

I tuffi dal super trampolino della piscina

L'acqua marcia: calda e orrendamente puzzolente

Le tre vecchissime zie del fatiscente hotel Eden...so annate?

Le orticheeeeeeeee

Il viottolo proibito con gli alberi di fico....."andiamo ora che i grandi dormono" Ma perché dobbiamo andare che me la faccio sotto (chi era Lalla/Cocco con me?).

Le mille foto della zia Diana (Io e Cocco forse perché eravamo più belli di tutti!!)

Le casette con le pezze nel giardino di dietro.

Le magliette con i nomi e in generale le adolescenze delle cugine più grandi, puah!!

Le mitiche due cucine con le zie Iri, Diana e Fanny di qua e nonna, mamma e zia Marisa di là ?!

Il rumore della macchina sulla ghiaia all'arrivo e..nonno col giornale sul balconcino.

E poi basta shhhhhh… zitti tutti che lo zio Bruno e lo zio Gianfranco dormono!!!

…e papà mio che fa più casino di tutti noi bambini!!!

Certo, i Piccinini erano i più severi anche perché avevano i figli più birichini e se Nicola non voleva la minestra la doveva mangiare lo stesso, magari chiuso in bagno. Non che gli altri fossero santi ma magari si convincevano più facilmente. Linda non tanto ,a dir la verità. Le sante erano Tiziana e Daniela.

Quanto al linguaggio del nonno Mario bisogna dire che era particolare. Lui aveva un suo vocabolario che usava con noi e con i bambini e che tutti imparavamo e alla fine facevamo nostro. Ad es. i pantaloni erano "i pantaliffi" (Diana li ha sempre chiamati così), lo zucchero era "il cucca", il caffè "caffeu", i biscotti "baccuotti", le mutande "mutandiffe", la matita "il matito", la ninna nanna "la O" (da me se l'è fatta cantare fino a quando ho avuto 12 anni!!), l'ombrello "il tombrelli", l'impermeabile "l'impenetrabile", l'oro "l'orio" (come la piccina d'orio), l'orologio "il laloggi", la cravatta "la chilovatta", il pullover "il pullova" e così via. Lui si divertiva ad inventare questi termini, diceva sempre che avrebbe scritto un "cabbulario" ma poi non l'ha mai fatto. E "schiffi giorgini" voleva dire semplicemente schifo ma in maniera più carina!

TIZIANA: *Sono sempre stata la più grande dei cugini e questo era un gran peso perché mi sentivo fare sempre raccomandazioni da tutte le mamme, nonne, etc. e, al ritorno dalle puntate in paese, se succedeva qualcosa (..e succedeva sempre qualcosa) " ma come? Sei la più grande, giudiziosa, dovevi stare attenta....!", il più severo di tutti con me è sempre stato lo zio Mario (nonno per i cugini)!!*

Le cose più divertenti erano:

Fare le casette con lenzuola, coperte e valanghe di mollette (mancavano sempre e sentivamo le urla della mamma o zia di turno che le stavano cercando, noi zitti..)

Raccogliere nocciole a chili giù dalla scaletta, passavamo delle ore, prima quelle a terra poi scuotere l'albero e ricominciare.

Fare il croccante, che buono! Prima tostare le nocciole e togliere la pelle...che casino con le padelle che la nonna teneva gelosamente custodite, e impilate a seconda della dimensione , nel forno, precisissima. Mi ricordo che dovevamo pulire il davanzale per rovesciare questo miscuglio di nocciole e zucchero ustionante che altrimenti non si sarebbe più staccato! Ho provato a comprare il croccante al Luna Park, non è assolutamente paragonabile!! Ovviamente finivano le scorte di zucchero delle cucine.

Raccolta di more: sporco di nero/violetto ovunque...mani, magliette e dare fondo al latte nel frigo!

Raccolta di mele: il migliore negli anni più recenti era Cocco, ma l'albero del terrazzino che era cresciuto in orizzontale è stato troppo divertente! Peccato che sia durato meno.

Le noci su dal rudere, le pesche settembrine sempre dall'altra parte della casa, piccole e rosa (e da grande sapevo già cosa fossero le settembrine, eh la cultura della Montagnola!!).

Quando si era in giro a giocare non si poteva perdere tempo per andare in bagno quindi si faceva pipì o popò dove eravamo, pulendoci con le foglie, troppo bello!! Ma ci siamo mai cascati sopra?

Mi ricordo quando c'erano ancora i mezzadri su nel rudere, erano una famiglia con tanti bambini sporchi che razzolavano e, in particolare, una riccia riccia bionda. Poi le mamme che dicevano che avevamo preso i pidocchi da loro! Boh!

Le gare in bicicletta intorno ai pini (che dolore il ricordo!) prendendo velocità dalla discesa d'ingresso del cancello e via!

Ma Mari con che coraggio mi lasciavi portare la Lillo in giro appesa sul seggiolino davanti?? Adesso, come mamma, non so se lo lascerei fare, forse a Pio?

A proposito, chi dei miei cugini si ricorda la strada che portava alla Montagnola dal bivio della casa matta (vi ricordate com'era bella?) fino al nostro cancello e anche oltre. Era tutta sterrata e piena di buchi. Beh, un giorno ho fatto un volo giù dalla discesa della milanese verso casa nostra inchiodando la ruota davanti della mia bella bicicletta verdone e mi sono staccata un bel pezzo di pelle dal gomito destro. Mi è rimasta un cicatrice grossa come una moneta da 20 cent che faccio vedere a tutti i bambini! Anch'io andavo in bici!

E il divertimento a lavare le macchine? Il problema era poi ricordarsi da quale cucina avevamo preso detersivi, spugnette, panni per asciugare…

Urla di tutte le mamme a fine pomeriggio per mettere a posto i giochi sparsi sulla ghiaia e giù per i prati. Però perché ai nostri bambini dobbiamo raccoglierli noi?

(Perché i vostri bambini ne hanno molti di più, troppi, e ,da soli, non ce la farebbero mai!)

Pedicure e calli: con che coraggio ce li avranno fatti togliere la nonna e la zia Gisa?

I tavoli da gioco:

Canasta: coppie fisse lo zio Mario e Daniela (Danielona la chiamava, ma perché, è sempre stata un chiodo!!) ed io con la zia Gisa. La zia Gisa mi faceva l'occhiolino, sorrideva cercando di non farsi vedere dallo zio quando prendevamo il mazzetto. Vincevamo quasi sempre e lo zio Mario ci patìva moltissimo.

Partite a scopa con lo zio Mario che mi ha insegnato gli sparigli. Alla fine potevo sapere le carte che aveva in mano l'avversario! (altra cultura della Montagnola!)

Partite a burraco in tempi più recenti. Tutti che vogliono giocare, bambini che devono essere allattati, mamme che per l'ULTIMA mano lasciano urlare le piccole creature dalla fame! (Roberta ti ricordi?)

Scarabeo: partite infinite con la zia Diana e lotta all'ultima sigla esistente sul librettino rosso!!

Ricerca disperata del mazzo di carte completo!

La pipì addosso della Zia Diana mentre scappa dopo aver tirato un catino d'acqua a papà (i casinisti!).

Le urla della mamma e dello zio Bruno contro papà e la zia Diana (i seri!)

Dormire con la nonna Fanny per potermi alzare con lei a vedere le stelle dal balcone di notte e poi scendere le scale in punta di piedi e andare a prenderci un caffè (ore 3 o 4 del mattino!)

Tutti i racconti della nonna su come, insieme alla zia Gisa scappavano, di nascosto al nonno Carlo, per andare a ballare.

Effettivamente i più casinisti della Montagnola erano Diana, Gianfranco e Cilla. Ne combinavano di tutti i colori. Non so quanti secchi d'acqua si sono tirati, anche dal terrazzo della camera della zia Fanny, e quanti altri scherzi si sono fatti. Ricordo il volante della macchina di Gianfranco cosparso di nutella e la stessa nutella che poco dopo era stata spalmata su una preziosa camicia da notte di seta di Diana.

I loro scherzi non avevano mai fine perché nessuno voleva darla vinta all'altro.

Diana si faceva regolarmente la pipì addosso dal ridere, in qualunque situazione e in qualunque posto si trovasse, ormai, se non finiva così qualche serata voleva dire che non si era divertita. Bruno e Iri brontolavano perché ,in effetti, spesso esageravano, ma la cosa bella è che non hanno mai perso il gusto del gioco, neanche da adulti.

NICOLA: *La regione Montagnola ha anzitutto sempre rappresentato per me un grosso, grosso dilemma a livello geografico e politico. A scuola mi fecero imparare a memoria le 20 regioni che compongono l'Italia con i* *relativi capoluoghi. Ora la Regione Montagnola rappresenta la 21° regione oppure è uno Stato indipendente come il Vaticano, San Marino e Seborga?*

Un altro dilemma era rappresentato dalla famiglia francese (Garbarino) che viveva d'estate in Francia e d'inverno ad Acqui Terme e alla Montagnola. Perché?

Non dimenticherò mai quando la mamma , le zie e le nonne tornavano da fare la spesa ai bagni e la zia Gisa, di nascosto, mi passava dalla finestra della cucina i grissini, in attesa che fosse pronto il pranzo.

I miliardi di noccioli che ho piantato in tutte le parti del giardino nella speranza di veder nascere un maledetto albero da frutta.

Le splendide feste di compleanno organizzate con tanto di giochi e caccia al tesoro!!

La pazienza delle due cuginette "francesi" che mi hanno sempre portato con loro e con i loro amici!! Ma soprattutto i miliardi che hanno speso per riuscire a godere di 5 minuti di tranquillità quando le stressavo per andare a lobotomizzarmi con i video giochi in qualche bar o sala giochi dove potevo entrare solo accompagnato da loro, visto che erano maggiorenni (14 o 16 anni) o che avevano le conoscenze giuste…

Quante frittelle di mele ho costretto Dindina a farmi???

Quante macchine vi ho rigato nel nobile tentativo di lavarle, dietro compenso??

Devo ringraziare anche la pazienza di Claudiona se ho imparato ad andare in bicicletta senza le ruote ausiliarie!!!

Ricordo anche quando lo zio Mario senior piangeva dalla disperazione simulando però un elevato indice di gradimento per le mie doti artistiche nella rappresentazione di Fracchia.

Le lunghe passeggiate, o meglio le sessioni di futting con lo zio Gianfranco.

La voglia di crescere per poter cambiare bolide (bicicletta) tramandato di generazione in generazione.

Ora che sono cresciuto mi potete anche dire perché da bambino mi lasciavate andare con uno sconosciuto logorroico che mi parlava in inglese ed io gli rispondevo a versi e sgranando gli occhi. Ma soprattutto chi era costui?

Che fine hanno fatto Cip e Ciop i due scoiattoli dei pini? Sono stati mangiati dalle marmotte?

Tra i miei ricordi d'infanzia mi sembra doveroso menzionare anche i miei amici di feste immaginarie....i vermi! Chiudo con un ultimo quesito legato alle piante di fichi: sono sempre validi i diritti di prelazione su chi scopre per primo quali saranno i primi fichi a maturare???

Nicola è quello che, alla Montagnola, ha dovuto divertirsi da solo. E' il più giovane di questa generazione e, quando è arrivato il momento di giocare in gruppo, gli altri erano già più grandi e con altri interessi. L'unica coetanea era Claudia ma già non veniva quasi più. Così si arrangiava con i vermi da piccolo e con le sale giochi dopo.

Ha fatto anche un sacco di marmellate e un sacco di litigate con la mamma che non voleva che uscisse, perciò Linda e Laura cercavano di dargli una mano.

Lo sconosciuto di cui parla e con cui dialogava a gesti era David Jones, nostro amico inglese. David e la sua famiglia al completo erano venuti alla Montagnola nell'81.

Comunque Nicola si era intrattenuto a lungo con David che si divertiva un mondo. Lui era un bambino bellissimo e molto espressivo, non gli serviva conoscere la lingua per comunicare.

ROBERTA: *Certo la Montagnola è aggrappata con le unghie alla nostra infanzia e la associo a mille e più immagini ed episodi:*

Le lumache: ricordo nitidamente la gara tra Cilla e Marisa sulla panca bianca (probabilmente morte avvelenate dalla grande scritta sul guscio col pennarello); le appiccicose scie/bavette sulle mani; i loro escrementi:

sottili fili marroni inodori e le corse in giardino dopo la
pioggia per raccoglierle!

I grilli: fetenti!..cercavano sempre di scappare e allora
STACK, via le zampette posteriori...!

Le bustine comprate dal giornalaio.

Le aste dei disegni. I più quotati mi pare che fossero quelli
di Daniela.

La pipì addosso della zia Diana per le risate.

Le casette costruite con canne e vecchie coperte.

Il giorno in cui Cocco (aveva 2/3 anni) rubò le patatine
dal nostro bar/casetta che con tanta determinazione
avevamo risparmiato per il funzionamento della nuova
professione (prima della quale eravamo campioni sportivi,
capi di tutti i corpi di comando più prestigiosi...ecc)

I salti con le bici sulle radici dell'albero... che speravo
fossero causa di un incidente chiamato invece "sviluppo"
o "mestruazioni"... ma finì bene, ricevetti in regalo una
bella bici da cross! Alla Montagnola, più che in ogni altro
luogo, avrei voluto avere il pisello per giustificare le mie
imprese poco femminili! Per fortuna desiderio esaurito
con l'inizio della pubertà...

Il tavolo rotondo con zia Gisa, zio Mario, zia Diana e
Tiziana per partite di canasta.

Ci si poteva avvicinare ed assistere solo in assoluto
silenzio.

L'Angela e le sue pannocchie da rubare.

La pedicure della zia Gisa.

La Roby era il maschio mancato della famiglia Traversa. Si vestiva come un maschio, non c'era verso di metterle una gonna, faceva continuamente a botte con Michele e spesso lo suonava, portava capelli corti e non l'ho mai vista giocare con una bambola.

Poi, come dice lei, è arrivata l'età giusta ed è diventata una splendida ragazza, simpatica e spiritosa, con una magnifica chioma riccioluta.

LINDA: *Spedizioni con il coltellaccio (affidato solo a Tiziana o Daniela) per rubare le pannocchie e le canne…per farle arrosto o tentare i pop corn con la zia Iri che ci spiegava ininterrottamente, scuotendo la testa, che non sarebbero mai venuti senza "quei secchi…quei secchi ci vogliono"*

I quintali di marmellata di mele che sostituivano la nutella tutto l'inverno..

Nutella…usata solo dalla zia Diana sul volante della macchina dello zio Gianfranco alle 17.55 di domenica quando stava per tornare a Genova!

I baratti fra le due cucine..se mi dai un po' di sale grosso ti do lo zucchero per il caffè....la mia minestra è più buona della tua...quindi non l'assaggio

Le buste sorpresa del giornalaio

Lo scrocco del ghiacciolo al limone all'Eden dopo due ore di super quiz.."ma tu sei la figlia di Gisa o di Iri??? Ahhh già quella di Cilla..." e ciao ad una dentiera!

Le casette di fango fatte con la Titti perché venivano più belle e non cadevano dopo i temporali.

Le corse di sera a toccare i pilastri del cancello perché tutti si cacavano sotto.

Il latte con le more e il croccante sul tavolo di marmo.

L'armadio dei vestiti della zia Fanny.

Il nonno che fischia dalla finestra dopo il riposino.

Le canaste noiosissime del quartetto nonni, Titti e Dani.

Annegare le formiche nella pipì.

Io e Roberta in bagno... io le stiro i capelli e lei mi mette i bigodi piccoli (della zia Fanny) per farli ricci...

I gavettoni della zia Diana

Roberta e Michele che si menano e rotolano sulla ghiaia.

Il fango come rimedio alle ortiche.. e quindi giù a spalmarsi le ortiche sul braccio per vedere come funziona bene il fango!!

Le olimpiadi della Montagnola... organizzate da Michele che ai tempi era sportivissimo e super atletico!

La solita partita di calcio..io ero Tardelli...Lalla Cabrini, Roberta Falcao, Michele Antonioni????..poi subentravano i padri e non si toccava più una palla!

La mia prima sbronza...in cantina con Roberta dopo che lei aveva telefonato al suo fidanzato Massimo... ed aveva lasciato per sempre Michele a giocare da solo con roba da maschi.

Michele che caccia le mosche nella cameretta ed io e Roby che gli teniamo compagnia dalla strada.

Tiziana e Daniela che fanno manicure e pedicure.

L'inizio della mia aracnofobia.

Claudia i miei baffi sono ricordi di Roma con la nonna Gisa che mi fece in casa la prima ceretta...avevo si e no 11anni...

Nonno Mario che abbassa il giornale e guarda con aria truce chiunque entri in giardino...

Qualcuno mi ha detto che da molto piccola sono rimasta due ore a tavola con un boccone di prosciutto in bocca...ma non mi ricordo..

Michele e Roberta pare che abbiano impaccato uno stronzetto (di Michi) e me lo abbiano regalato in una delle solite visite tra tendopoli..ma io non mi ricordo..

Tiziana che si porta Lalla dietro in bicicletta giù dalla discesa..cosa che se facessero ora con i miei figli morirei d'infarto alla prima curva!

Scusate ma nessuno ha nominato Armando ...il Gaudì della Montagnola, e quel figo di suo figlio Mauro e quella gnocca della Vittorina!!!!!!
Ultimo periodo: La zia Fanny e Arturo che la sera tornavano regolarmente dopo di me ...
La zia Fanny che prepara l'ovetto sbattuto al mio amico Ricky che aveva passato la notte fuori casa!

Linda mi ha fatto veramente ridere con questi suoi ricordi, lei è un tipo così : telegrafica nell'esposizione, essenziale, va al nocciolo della questione e riesce a metterci sempre un po' di spirito e di ironia. E' il genere "poche parole e molti fatti", certe volte sembra un po' scorbutica (come suo padre) ma ha un cuore d'oro e tutti le vogliono bene. Quando era all'università tornava prima di noi dalle vacanze ed andava a studiare alla Montagnola dove trovava la zia Fanny e Arturo che la coccolavano in tutti i modi e le preparavano manicaretti. In fondo si divertiva con loro, erano due persone brillanti e simpatiche, pieni, alla loro età, di voglia di ridere e divertirsi. Spesso andavano a ballare la sera e tornavano dopo di lei!
Giustamente si ricorda di Armando e lo definisce il Gaudì della Montagnola perché ha fatto progetti e si è preso la responsabilità di tutti gli ampliamenti che ha subito nel

corso degli anni. Lui era un semplice muratore e ha fatto
miracoli ma non sempre bellissimi!!

DANIELA: *La prima cosa che mi ricordo è lo zio Mario*
(senior) seduto sul terrazzino
che, al nostro arrivo, si alza dicendo "Ciao Danielona!"
Poi ho il ricordo delle spedizioni alla montagnola (allora
chiamavamo così la collina dove cera la casa dei
mezzadri, sotto era Villa Tagliafico, ora chiamiamo tutto
Montagnola) cantando tutti in coro come i 7 nani "andiam
andiam andiamo alla montagnola....." e, mentre salivamo
..la puzza di prugne marce.
Ricordo le casette costruite con gli stracci del baule dietro
alla siepe che divide il giardino.
E le corse verso casa, di sera, spegnendo la luce in
giardino, per i rumori provenienti dal cancello.
La scaletta del terrazzino che porta al cancelletto verso il
burrone dove, secondo la leggenda, spuntavano le radici
dei pini.
La gara a chi raccoglieva più nocciole da pesare con la
stadera, quell'attrezzo infernale.
Il pozzo "tabù" dal quale ,per un certo periodo,
prendevamo l'acqua con un secchio.
La gara per riconoscere il clacson del nostro papà il
venerdì sera. Le macchie di fango sui tronchi dei pini e sul

maglione, per una gara a tirare manciate di fango, che
sono rimaste lì per mesi e mesi.
Le canaste con gli zii che mi riempivano d'orgoglio e mi
mettevano un'ansia di sbagliare pazzesca.

Daniela era la nipote preferita di mio padre, lui adorava il
suo candore, la sua dolcezza, la sua tranquillità e lei lo
ricambiava. Si raccontano storie sull'ingenuità di Daniela
bambina, sulla sua lentezza e sulla sua bellezza.
Sicuramente è stata la neonata più bella che io abbia mai
visto. La sua presenza ti ispira pace e tenerezza ma mai
debolezza. Nella vita ha dimostrato determinazione,
generosità, spirito di sacrificio e forza di carattere non
indifferente e i suoi tre figli sono deliziosi come i genitori.

LAURA: *Leggendo i ricordi degli altri, le immagini si*
sono mischiate alle mie, alcune vicende tornate vivide,
altre mi sono tornate alla memoria come nelle foto,
quando a forza di guardarle, si ricorda la persona con
quell'unica espressione.
Così cerco di prendere un po' le distanze e di farmi
tornare in mente, così come una porta da
aprire.....comincio con l'arrivo.
Arrivare alla Montagnola...Arrivavamo alla Montagnola
quasi sempre da Cap d'Antibes dove avevamo passato

85

quasi tutta l'estate. Abbronzate e un po' annoiate ma con grande entusiasmo per riabbracciare tutti e ritrovare quella grande casa. Mi ricordo il cuore che batteva ad ogni curva e i colpi di clacson che papà suonava per annunciarci.

Come in un fermo immagine la cosa che mi piaceva era vedere le espressioni di tutte quelle facce che si voltavano corrucciate per vedere chi entrava dal cancello e poi le facce felici che ci correvano incontro.

La scena che seguiva l'arrivo e gli abbracci e baci vari era la stanza dei letti a castello con quell'armadio che odorava di chiuso ma di buono, dove ritrovavamo il "guardaroba" della Montagnola: magliette di Snoopy e Sandokan varie, tuta da ginnastica rigorosamente blu o rossa con le strisce bianche ai fianchi (mi era permessa solo in giardino) e le Superga in tela a sandalo (tornate di moda, ce l'hanno tutti i nostri figli!).

Mi ricordo le ore di coccole sul divano del salotto dove tutte le zie finivano le loro serate. Ero lo scaldino ufficiale della zia Iri che è sempre stata con tre maglioni di lana in casa!

con la zia Diana cominciava subito un confronto di chincaglieria da cartoleria: io sfoggiavo le ultime trovate della cartoleria di Juan les Pins (me le comprava papà, cedeva sempre di fronte a gomme, penne ,astucci e puffi) *e la zia Diana mostrava le cose più goduriose che uno avrebbe voluto per il primo giorno di scuola, quelle che solo ad averle ti fanno venire voglia di studiare!*

Della nonna Gisa ricordo una vestaglia color cipria, quel sorriso così simpatico e l'uovo sbattuto col caffè a colazione. Ricordo lei che ci chiamava dalla finestra della cucina per la merenda che alternava :" pane, olio, sale e origano" con "pane, burro e zucchero", che buono! Le missioni culinarie erano le più divertenti: il croccante che significava ore a raccogliere le nocciole e ci finivamo sempre io, Claudia e Cocco anche perché non ci era permesso romperle con le pietre onde evitare dita schiacciate, ……more da spappolare nel latte, squisite. Ovviamente ognuno aveva la sua porzione, la mia finiva subito mentre quella di Linda restava a macerare ore in frigo e se la gustava alla facciaccia mia con il latte viola, cucchiaino dopo cucchiaino...

Le pannocchie rubate all'Angela. Quelle mi sono rimaste impresse perché una volta ci aveva beccati mentre le fregavamo e sarei voluta morire in quell'istante, lei invece ci portò a vedere i conigli e i polli e, forse, fece finta di niente.

Un anno io e Michele trovammo un serpente, lui c'era passato sopra con la bici, sicuramente era già morto ma ci vantammo di averlo ucciso noi. Lo portammo in casa e confrontammo la testa con quella raffigurata nel suo libro di scienze, deducemmo che era sicuramente velenoso! Ci giocammo molto finché, ad una festa di compleanno di Linda, lo usai per far paura a Chiara Novello, unica invitata della mia età. Alla fine lo abbiamo arrotolato sulla pianta che pende dalla salita al campetto perché facesse paura alle macchine che arrivavano.

Ero stata io la cavia per il rimedio alle ortiche di Linda. Ispirata da grande fiducia, mi feci cospargere di ortiche gli avambracci dove la pelle è più delicata per poi coprire i puntini rossi con il fango.

Risultato: un prurito atroce! Esperimento fallito! Lo avevamo fatto sui gradini del pozzo. Terrore pozzo: facevamo delle prove di coraggio-trasgressione mettendo la punta del piede sulla pietra che se si fosse mai spaccata ci avrebbe ridotti nella situazione di Alfredino!!

Le campane di Lussito, belle!

La prima cosa era la divisione della tribù. Due capi sceglievano, a turno, un membro. Inutile dire che restavo sempre tra gli ultimi, d'altronde ero tra i più piccoli e inutili. Ricordo gli impasti di fango con cui io e Michi decoravamo di manate la casa. Poi la ricerca delle stoffe a rose nel baule verdone della nonna Gisa e della zia Fanny. Le aste di disegni erano divertentissime e anche le paghette di 50-100 lire per lavare la macchina di qualche zio. Alle olimpiadi mi sa che non partecipavo, la solita imbranata!

Ricordo ore a giocare con le formiche alle radici dei pini. Ero velocissima a prendere i grilli e mi ricordo di una mantide religiosa. Il nome vero credo lo sapesse solo Giorgio. I grilli erano belli da infilare nelle magliette. Divertentissimo era anche staccare le ali alle zanzare e la coda alle lucertole, continuavano a muoversi!

La zia Diana mi insegnava i rudimenti del cucito, mi faceva far pratica con un paio di sue mutandine.

Ricordo di un punto che aveva qualcosa tipo 'mosca' nel nome. Un giorno mi insegnò anche a stirare. Mi piaceva un sacco, così mi lasciò 4 o 5 cose tipo canovacci e mutande da stirare e altre le mise da parte. Io, lanciatissima, finiti i canovacci, presi un paio di pantaloncini neri da calcio di Michi che lei aveva messo via ma, non appena appoggiai il ferro il pantaloncino si sciolse e rimase attaccato al ferro! Sangue al cervello, tachicardia........ripiegai i pantaloncini e li nascosi nel mucchio!

L'armadio nero con i vetri verdi della sala, dall'aria austera e dal profumo che ancora conserva, nascondeva due cose importantissime: caramelle e giochi in scatola!

Verso gli 11 anni ricordo il grande orgoglio per la mia promozione a cugina grande! Sì perché Michi, Roby,

Linda e Giorgio si chiudevano ora la sera in una stanza e io, Claudia e Cocco ne eravamo esclusi; ogni tanto origliavamo. Ricordo l'anno in cui decisero che potevo partecipare: era una specie di massoneria, in quella stanza ci si raccontava dalla prima cotta ai vari 'sentito dire' dei compagni di scuola. Mangiavamo Cipster sapientemente nascoste, si confrontavano le parolacce e si facevano piani segreti per l'indomani.

Tutti abbiamo imparato a pedalare senza rotelle intorno ai pini. Avevamo Graziella rosse o bici da cross. Quella che ereditai da mia sorella (ho sempre ereditato...c'è mai stato qualcosa di mio?), la più bella, era blu metallizzata con il sellino in pelle lungo. Davvero tamarra. Ma non potrò mai dimenticare l'invidia per la bici di Roberta, quella verde e gialla con le marce, una fuoriserie!! La Titti era la mia cugina prediletta, mi trattava come sua figlia ma era mia amica.

La casa matta, che presenza strana! Armando mi piaceva, ero affezionata.

Il nonno fischiava dalla finestra quando si svegliava dal pisolino, con la retina nera sulla testa e non smetteva finché non correvamo di sotto a salutarlo. Ecco...mi ricordo il terrorismo psicologico che ci facevano perché facessimo silenzio nelle ore del pisolino. Altro ricordo:

Cocco chiuso in bagno dallo zio Bruno per ore con un piatto di minestrone da finire.

Ora continuo a chiedermi perché non lo ha buttato nel cesso e scaricato.

Un giorno abbiamo fatto col passino il succo di uva fragola. Che bontà ma poi.... Cagarella a gogo!!

Laura ha avuto esperienze alla Montagnola simili alle mie, nei suoi ricordi ritrovo molto dei miei, lei era tra i più piccoli ed io ero la più piccola, entrambe persone "di pensiero" e quindi piuttosto imbranate nei movimenti e soprattutto per niente competitive. Lei era molto simpatica , buffona e protetta da tutti, molto più facile da piccola che da grande! Bella l'immagine di lei e la zia Diana con i loro tesori da cartoleria. La cosa più bella secondo me è che questi ragazzi siano cresciuti insieme scambiandosi consigli e aiuto proprio in un momento delicato come l'adolescenza. Spero che lo facciano anche i nostri numerosi nipoti.

Abbiamo una bella foto dei ragazzi,da Tiziana a Nicola, tutti sulla scaletta del pozzo in ordine di età. Nella prima che abbiamo fatto avevano tutti la stessa felpa con il Pierrot, era il 1980, Titti ,la più grande aveva 15 anni e Cocco, il più piccolo, 3 anni.

Abbiamo continuato a metterli in posa tutti insieme in altre occasioni, anche da adulti, anche con mariti e mogli, futuri mariti e mogli, mancati mariti e mogli. Ora mettiamo in posa i bambini ma la scaletta del pozzo non basta più, dobbiamo fare due file, sono diventati 17!! E forse ne arriverà qualcun altro! La Montagnola guarda bonaria e rasserenante, accoglie chiunque con amore e allegria, lo mette in fila sul pozzo, lo coccola, lo fa divertire e poi, quando comincia ad allontanarsi lo aspetta paziente perché sa che ritornerà, magari con un piccolo allegato, per ricominciare.

MICHEL'ANGELO: *IL PACCHETTINO DI CACCA*
Acqui Terme, 29 Giugno 2012.

Bisognava proprio che fossi costretto all'immobilità per via di una banale operazione al ginocchio, perché finalmente mettessi mano alla tastiera per contribuire alla raccolta di memorie che Zia Marisa sta collezionando da tutti noi.
Ma credetemi, luogo e tempo da dedicare alla redazione non sono stati scelti con casualità.
Non è un caso che mi sia fatto operare ad Acqui e non in Svizzera (dove risiedo) o a Genova (dove abito quando non risiedo). Neppure è un caso che pur potendo fare ritorno a Genova dopo l'operazione, abbia preferito

92

spendere i pochi giorni di convalescenza alla Montagnola;
meglio ancora se da solo: io in questa casa non ho paura
e sono felice.

La nostra Villa - ma sì, dai - ha svolto un importante ruolo
nel consolidare legami e rapporti all'interno della nostra
famiglia; e poco importa se questo risultato sia stato
raggiunto con divisioni di cucine, marchiatura (in rosso !)
di vettovaglie per intimorire l'avventato utilizzatore non
espressamente autorizzato dalla proprietaria, o saltuarie
negoziazioni per la divisione delle spese di gestione. E' un
prezzo assai ragionevole per quello che questa casa ci ha
dato in cambio. Penso che per noi tutti sia stato un punto
di riferimento, una certezza; talvolta è stata trattata con
un po' di snobismo certo dovuto da mancanze di sicurezza
dello snob di turno che, afflitto da provincialismo, temeva
che la frequenza della casa di campagna e della ridente
cittadina potesse renderlo/a più alla mano o nuocere alla
sua patina di futuro uomo o donna di mondo. Ricordo feste
alla Montagnola passate in disparte a giocare il ruolo del
cugino scettico sceso dalla grande metropoli per unirsi -
accondiscendente - alla truppa di villici amici delle cugine
di Acqui:

aria annoiata artefatta, sigaretta in mano a guardare gli
altri divertirsi mostrando di non volersi mischiare con la
segreta speranza che qualcuno venisse a pregarti di unirti

al gruppo (e perché diavolo avrebbero dovuto mi chiedo ora). Per fortuna questo periodo è durato poco e le sensazioni che lo caratterizzavano, sono evaporate con l'adolescenza e le insicurezze di quell'età.

Alla Montagnola preparai anche la mia ultima cavalcata (ho detto villa prima e dico cavalcata ora) per terminare l'università; dieci giorni bellissimi a Luglio con Ferruccio, ragazzo di straordinaria sensibilità e di grandi valori umani, intervallati da pause di studio in cui si giocava come bambini a mini tennis in giardino (tesissime simulazioni di coppa Davis: io ero Sampras e lui Pescosolido; e vinceva quasi sempre Pescosolido) e - sì lo giuro - con le macchinine; avevamo a 23 anni. Ferruccio oggi è un bravo giornalista; ci sentiamo una volta all'anno; ma non vi è volta che egli non ricordi con nostalgia i nostri dieci giorni "di studio" ad Acqui; la sua penna sì che saprebbe esprimere meglio di me la spensieratezza di quelle giornate; credo che certe case catturino i sentimenti di chi le ha vissute e che riescano a trasmetterli anche agli occasionali avventori; per questo sono preziose, anche se non hanno la piscina, se i muri sono crepati, la muffa fa capolino e la tovaglia cerata non ce la fa più.

Ma prima di cavalcare senza macchia e senza paura verso l'orizzonte della laurea, mi trascinavo con fatica come un mulo per i viottoli sassosi e inerpicati del Greco, del Latino e della Matematica *(spesso indugiando anche in quelli della Fisica e della Chimica)*. Alla Montagnola, in estate, cercavo di recuperare quello che avevo trascurato di fare durante l'intero anno scolastico. Ma a Settembre alla fine si rimaneva sempre promossi: più materie c'erano da ripetere meglio si passava. Mi sono più volte chiesto: perché non frequentare direttamente il Liceo ad Acqui e poi trascorrere le vacanze a Genova? Questa inversione logistica avrebbe potuto scombinare i giochi del fato che m'incatenava ai libri d'estate?

E no, non vi scrivo delle Mosche. Si trattò di un'operazione militare di disinfestazione ed è tuttora coperta da segreto. Poi non voglio rubare aneddoti ad altri.

Prima ancora c'è stata l'infanzia vissuta ad Acqui nei mesi di estate. Quel periodo era la mia vera vacanza almeno fino a quando non iniziai a interessarmi al gentil sesso, e appresi che la spiaggia offriva chances, varietà e nudità più interessanti; tuttavia anche in quel caso la ciliegina sulla torta era rivedersi a Settembre alla Montagnola con le cugine(tte) per raccontarsi conquiste, tradimenti, chiedere o dispensare consigli.

La mia infanzia Acquese è fatta di odori, luci, sapori, e quella capacità di immaginare che si ha solo in tenera età.

Le more. Le more per me crescevano solo ad Acqui. Le nocciole anche; ma valevano

poco: ce ne erano tante ed erano troppo facili da raccogliere. Vuoi paragonarle all'avventura di intrufolarsi in un cespuglio spinoso armati di bastone (un machete nella mia immaginazione), sfuggendo alle truppe tedesche, ai pericoli della jungla Indiana (semplice erba alta), ai serpenti velenosi (qualche biscia più raccontata che vista), facendosi strada tra piante carnivore (perlopiù ortiche) e tarantole minacciose (qualche ragnetto sonnacchioso), e finalmente, dopo mille peripezie, raggiungere quel rovo animato rubarne il tesoro da immergere in un bicchiere con latte e zucchero ? Ma che nocciole e nocciole.

Negli anni ho sempre avuto la tendenza a costruirmi una parte, un ruolo, per poi immedesimarmi e cercare di viverlo con intensità. Non si tratta di un modo di non essere se stessi. Si tratta di provare a darsi una forma e canalizzare le proprie caratteristiche per viverla fino in fondo. Talvolta scegli forme che ti piacciono ma in cui non riesci entrare perché non hai la giusta materia; talvolta ne scegli altre che esaltano meglio le tue caratteristiche. Oggi scrivo. Sono Michel'Angelo, operato e convalescente nella sua amata campagna. Lo scrittore a contatto con la natura e i ricordi che consegna la sua pagina di letteratura ai posteri. Mi piace ... Continuo: ferito e sofferente ma tranquillo e contemplativo. "Eminguei" ad Acqui Terme; il guerriero che si riposa ed entra in contatto con il suo io. Ecco, per mettermi a scrivere mi sono dovuto calare in questa parte; e mi ci trovo bene.

Con lo stesso meccanismo, assieme a Giorgetto si spendevano ore e ore nei pomeriggi di luglio della nostra infanzia. Un bell'input iniziale, e via ! Le ore volavano. Dopo la colazione o dopo pranzo c'era una sessione di Storia (un po' a fumetti) con lo Zio (per Giorgio, il nonno) Mario. Con venti - trenta minuti di racconti di guerra (in versione autobiografica, quindi assai coinvolgenti) il Capitano dei Bersaglieri dava a me e Giorgino abbastanza spunti per giocare senza sosta per il resto della giornata rivivendo e rappresentando quegli epici racconti. Scrivo di Giorgetto perché forse sono quello che ha condiviso la Montagnola con lui più di tutti gli altri. Le giornate volavano, e quando non eravamo impegnati in qualche missione, eravamo atleti di fama che si cimentavano nelle Olimpiadi della Montagnola (istituzione dello Zio Tony) o in sbilanciatissime partite di calcio.

Giorgino era un po' isterico quando non vinceva; e ancor peggio se perdeva a causa di una naturale prevaricazione (se del caso violenta) da parte del cugino maggiore. Lo zio Tony interveniva con i suoi ragionamenti sulla logica filtrati da accorgimenti psicologici, conditi da una pazienza surreale e perfino irritante (visto che per molto meno io da mia madre prendevo due ceffoni) e se ne veniva sempre a capo. Più protettiva la Zia Cilla che nelle rare pause da infantili litigate sullo Scrabble con mia Madre (questa parola te la sei inventata, non hai girato la clessidra ...etc ...etc), cercava di proteggere Dodo dalle mie prevaricazioni.

Si cominciava a giocare alle 10 e si finiva alle 8 di sera: magnifico. In quei quindici giorni estivi tuttavia, mia madre pensava fosse giusto che ne dedicassi uno o due ai famigerati compiti delle vacanze; la brillante idea sorgeva dopo sette-dieci giorni di full immersion in missioni militari e olimpiche; va da sé che il povero studente era fuori allenamento e poche operazioni di matematica o un misero tema richiedevano pomeriggi da Jacopo Ortis nella stanzetta al primo piano (e ... no, non vi parlerò delle mosche neanche ora).

Naturalmente Giorgio i compiti li aveva già fatti, meglio di chiunque altro, nella metà del tempo, e stava già terminando il programma del primo semestre dell'anno scolastico che doveva ancora cominciare, ormai lanciato verso la conquista del premio Nobel, la vittoria della Coppa dei Campioni, il salvataggio della foresta amazzonica.

La Montagnola è molto di più di questo. Tante esperienze condivise con le cugine femmine: aneddoti ce ne sono a volontà. Io ho cercato di raccontare episodi che altri forse non conoscono, privilegiando i primi che mi venivano in mente. Lascio spazio ai co-autori sperando che si soffermino sulle capanne costruite assieme, le biciclette, le aste dei nostri disegni, le macchine da lavare, i week end spesi in bar e ristoranti in età più adulta, la guerra contro le mosche e, sì, anche il pacchettino di cacca.

Michel Angelo

Bravo Michi, hai proprio le stesse sensazioni che ho io verso la Montagnola e che, in fondo, abbiamo tutti. Sono d'accordo con te quando dici che anche gli estranei che vengono alla Montagnola provano le stesse emozioni, apprezzano l'atmosfera e condividono il piacere di stare insieme. Lo dice anche Gillian, la mia amica inglese,che ci viene appena può e l'hanno detto i miei amici romani quando ci hanno passato un fine settimana.

GLI OSPITI

I ragazzi crescono, come era successo a noi e a tutti, cominciano ad uscire, si allontanano un po' dalla vita in campagna, cominciano a sognare amori ed amicizie, ma sono già tanti loro ed anche per la maggior parte genovesi e, quindi, un po' restii a fare nuove amicizie. Linda e Laura vivono ad Acqui, gli amici sono quelli dell'inverno, spesso escono con loro e cercano di portare anche le cugine ma con scarso successo. Michele spiega bene l'atteggiamento dei genovesi verso gli estranei, fanno un po' gli snob ma, in realtà, sono timidi e un po' insicuri.

I genovesi però invitano ogni tanto i loro amici a passare la giornata e la Montagnola si popola di nuovo di ospiti giovani e simpatici.

Anche i nostri amici vengono a trovarci, tutti vengono volentieri alla Montagnola, è una casa poco impegnativa, non c'è nulla che sia grave rovinare ed anche gli anziani sono accoglienti.....veramente mio padre un po' meno, lo disturba un po' rinunciare alle sue abitudini ma se lo fanno giocare a bocce o a scopone è contento.

La mamma e la zia Fanny sono sempre pronte per la compagnia, di qualunque età, a loro fa sempre piacere, sono persone allegre ed ospitali. Ogni tanto escono ancora qualche sera, prima brontolava il nonno e adesso brontola mio padre, per mia madre la libertà è sempre stata un sogno.

Veramente bisogna dire che finché mio padre ha lavorato lei si faceva tre mesi di vacanze con noi e papà veniva solo due settimane al mare e due alla Montagnola, quindi se la godeva abbastanza; d'altra parte mio padre, uomo intelligente, aperto e illuminato aveva però un carattere ombroso, riflessivo e molto serio. Mia madre, al contrario, pur essendo saggia, sensata e molto equilibrata, era veramente allegra, felice di vivere, pronta a scherzare, ballare e ridere di niente magari ma ridere.

Quando eravamo in vacanza da sole era tutto più facile anche per noi, eravamo tranquille, potevamo uscire senza tanti permessi, la mamma ci dava molta fiducia. Quando c'era papà, pur essendo felici di vederlo, sapevamo che la nostra vita sarebbe stata diversa ed eravamo ben contente quando ripartiva. Ricordo una sera ,proprio alla Montagnola, siamo uscite per andare a ballare, naturalmente accompagnate da mamma e zia, papà era a casa e avevamo il permesso fino all'una, nonostante fossimo con le mamme. Quella sera si metteva l'orologio indietro di un'ora perché scattava l'ora solare, era fine estate, e noi ci siamo prese quell'ora in più!!

Papà ci aspettava alla finestra furioso e il sabato dopo non siamo uscite!

Il mio adorato papà era molto severo ma ci ha fatto un gran bene. La mamma non era severa, era dolce e giudiziosa, non l'avremmo mai tradita e l'abbiamo persa troppo presto.

Tra gli amici che sono venuti alla Montagnola c'è stata tutta la famiglia Jones, gli Inglesi da cui siamo state io e Cilla da ragazzine per imparare la lingua. Sono venuti nel 1981, l'anno del matrimonio di Carlo e Diana, pieni di gadgets.

C'erano i genitori, Ira e David quello che andava a spasso con Nicola, Gillian con marito e due figli e Gwyn con figli che però alloggiava dai Piana.

Siamo stati molto affezionati a queste persone e loro a noi, è stata una fortuna incontrarle, l'inglese che sappiamo lo dobbiamo a loro e siamo tuttora in contatto con Gillian e Gwyn. Anche Gillian, che era venuta spesso alla Montagnola da ragazza, mi ha lasciato i suoi ricordi, eccoli:

Gillian: A special moment:
Sitting at the terrace, looking down the valley, as the sun is Setting, all is calm, all is quiet. For me this is one of the places that nuitures the soul.

The well: Now covered in ivy, but still a central feature. When I first came to Montagnola we had to get water from the well every day for the loos, washing and kitchen. This added to the charm of staying in Villa Tagliafico and I didn't find it a problem.

The trees: Majestic and tall when you entered at the gates. Cars had to negoziate around them. Games had to accommodate them. Now they have been cut down and replaced by a plane tree.

Getting ready to go out: Exchanging clothes, trying on, the greens for you, the pinks for me!! Try this belt. This necklace, these shoes... Lots of laughters. Then the make up and the hair..

The excitement and the possibility of being attractive to boys!

A bit naughty, a bit risky!!

The swimming pool: Young people gathering. Being chatted up.

Making friends. Daring each other to jump from the top diving board. Getting brown, not always safely now I see. The cool water on hot skin. The ice cream!!

Meal times: The joy of communal family eating. The large table with the Grandad at the head. In front of him a plate filled with little birds. Watching him.....

Food to be enjoied. Satisfying, tasty and healthy and washed down with delicious wine which left me feeling relaxed and mellow.

Speaking Italian: Trying to master words and phrases. Everyone being helpful. I must have sounded owful! Still disappointed with

myself that I have not put time aside to study the language more.

1981: The family holiday in Montagnola. This was 2 years before my mother and zia Di Modica died. It was good to have the English and the Italians together. Somehow everyone managed to understand the important things even though their knowledge of the two languages was limited. The children all played well together. Thea, Linda, Giorgio, Daniel, Laura, Claudia and Julia. Again meal times were enjoyable and often we would sit talking and drinking until it was dark. Somehow the children were put to bed and they all slept well.

Now when I visit I like to visit Zio and Zia in the cemetery to say "ciao". They were two special people in my life.

Grazie Gill per queste belle parole, anche tu hai vissuto la Montagnola come un'atmosfera più che come una casa. Gillian è venuta per diversi anni, anche lei si è innamorata, ha ballato, si è divertita e, tuttora, appena può, appena c'è un posto, torna e ci sta bene. La sua mamma, una persona deliziosa, amabilissima e dolcissima è mancata due anni dopo insieme alla mia.

MOMENTI TRISTI

Questo ora è per me il momento più triste: 2 maggio 1983, muore la mia mamma. Aveva cominciato a non star bene due anni prima, era dimagrita molto, lei che era sempre stata tondetta ,come me, si consolava perché tutto le andava bene con quella linea ma purtroppo una cirrosi epatica, dovuta ad un'epatite B asintomatica, ce l'ha portata via in poco tempo.

Cilla l'ha assistita moltissimo, le stava sempre vicina, era lì tutti i giorni anche se lei cercava di mandarla a casa sua, non voleva dare fastidio neanche in punto di morte, ha sempre pensato più agli altri che a se stessa la mia mamma. Io cercavo di andare a Roma più spesso possibile ma avevo scuola e bambine e non era facile. Non la rimpiangerò mai abbastanza, ho avuto bisogno di lei infinite volte, specialmente quando le ragazze erano adolescenti, mi sembrava che lei avrebbe sempre saputo cosa fare e cosa dire ma lei non c'era ed io mi sentivo persa come una bambina. Papà era con me ma anche lui era perso senza la mamma. Cilla non si è forse mai ripresa, per lei che viveva a Roma la mamma era un appoggio quotidiano, un confronto su ogni cosa, le è mancata talmente che ci ha rimesso in salute. Io ne ho sentito la mancanza mille volte, il dolore per la sua perdita è stato immenso ma, essendo lontana da Roma da anni, non avevo l'abitudine del quotidiano, avevo dovuto rendermi indipendente, lei ,invece, ricorreva alla mamma per ogni cosa e la mancanza è stata terribile, insopportabile.

E' stato vedendo questo che ho pensato che io non sarei diventata indispensabile per le mie figlie, avrei cercato di renderle autonome, indipendenti, ce l'avrò fatta? E con la mamma la Montagnola ha perso un po' l'anima. Lei l'amava molto e aveva fatto salti mortali negli anni per rinnovarla un po', aggiungere stanze e bagni, tenerla in ordine, fare riparazioni e manutenzione varia sempre lottando con la mancanza di denaro della zia Fanny che comunque ha sempre fatto fronte a tutto, magari col tempo e col mugugno. Anche la Zia Fanny ha sempre amato molto questa casa.

Certo senza la mamma la casa non era più la stessa ma lei , dal cimitero di Lussito, continuava a starci vicino e a darci la forza di andare avanti. Aveva scelto lei di comprare due tombe a Lussito quando mio padre, sempre previdente, voleva sistemare le sue cose. Diceva " A Lussito sono sempre in compagnia, ci sono un sacco di persone che conosco e poi vi vedo e sono sempre con voi", ora, purtroppo, sono cresciuti troppo gli alberi intorno al cimitero e non riusciamo più a vederlo ma la mamma è sempre con noi ugualmente, forse io ne ho preso il posto in questa casa, non so, ma è certo che l'amo come l'amava lei e la sostengo, la mantengo, la curo con tutte le mie forze certa come sono che faccia del bene a tutti quelli che la frequentano.

Qualcosa comunque sarebbe cambiato: Cilla non è più venuta a passare giorni di vacanza alla Montagnola, lei non è più andata nei posti in cui era stata con la mamma, le dava troppo dolore ed ha smesso di venirci se non qualche volta magari per stare con papà mentre io ero altrove. Papà è venuto a vivere con noi ad Acqui dopo la morte della mamma. Abbiamo cercato tanto di invogliarla a ritornare ma non c'è stato verso, a noi è dispiaciuto molto ed anche a Giorgio e Claudia. E' vero che noi andavamo in campagna a settembre e lei andava a scuola ma proprio non c'è più stata la volontà di tornare ed anche Tony non ha aiutato in questo senso.

Comunque Giorgio e Claudia sono rimasti affezionati alla Montagnola e ai loro cugini, anche se erano bambini quando hanno smesso di venirci, e sono sempre stati ricambiati da altrettanto affetto. Quando ora riusciamo a strappar loro un week end sono tutti felici e la Montagnola sorride.

Anche Cilla mi ha scritto due righe sulla Montagnola, eccole:

CILLA: *"Ci sono nata, sul tavolo da pranzo durante la guerra.*

Vi ho trascorso gran parte della mia infanzia, coccolata in particolare dal nonno che lì mi ha dato il nome, oggetto di curiosità ancor oggi da parte di tutti, e lì mi ha costruito con le sue abili mani giocattoli meravigliosi con cui ho trascorso ore di gioco indimenticabili. D'estate vi sono cresciuta circondata da grande amore da parte di tutti, in specie da mamma e nonno. Ho un ricordo molto vivo della mia adolescenza passata alla Montagnola. Una volta sposata, i miei due figli nei primi anni di vita vi hanno trascorso momenti di gioco e di gioia, confermando nella mia percezione che si tratta di un luogo ideale per sviluppare fantasia vivacità dei bambini. Con la maturità sono iniziati i dolori. Prima la morte del nonno e poi l'insopportabile perdita della mamma e, insieme a lei, è finita la Montagnola oggi per me luogo di ricordi prevalentemente ammantati di nostalgia e di tristezza."

Per alcuni anni la Montagnola è stata poco frequentata, a luglio i ragazzi erano impegnati con studio e lavoro e ad agosto andavano in vacanza in luoghi più mondani. Ci si trovava a settembre perché noi tornavamo da Antibes e

Bruno e Diana tornavano dalle vacanze in barca, Iri si aggiungeva un po' controvoglia.

Iri non ha mai amato tanto la Montagnola, da bambina temeva il nonno Carlo, ha cominciato presto a lavorare come impiegata e quindi da ragazza veniva solo per il fine settimana senza mai ambientarsi molto e da grande non amava la confusione, e lì ce n'era da vendere. A settembre spesso pioveva e in campagna c'era molta umidità e Iri aveva sempre freddo, me la ricordo con i golf a strati e una pesante vestaglia. Insomma per lei era un po' una sofferenza stare lì ma sopportava per la compagnia, ora non viene più neanche lei.

La zia Fanny è sempre stata innamorata della casa, del panorama che si gode dalla sua camera, e di tutti i ricordi della sua vita. Lei ,finché ha avuto salute, è sempre andata alla Montagnola già ad Agosto: ultimamente con Arturo, andavano a ballare al Gianduia o a prendere l'aperitivo e si divertivano. Quando stavano a casa invece litigavano perché, secondo la zia, Arturo, uomo di altri tempi, non sapeva fare nulla e quindi non aiutava e non aggiustava e lei rimpiangeva Santino, il fidanzato precedente, tuttofare perfetto appassionato di bricolage!! La zia passava parte del suo tempo a segnare con lo smalto rosso delle unghie tutto ciò che le apparteneva quindi ogni coperchio, i cucchiai di legno, il fondo delle insalatiere, il retro dei piatti da portata, i coltelli col manico di legno, il cavatappi, la scopa e la paletta, il manico della caffettiera ecc. Faceva da mangiare per sé e per Arturo e ne offriva a tutti ma non prendeva, se non con grandi insistenze, quello che avevamo cucinato noi.

Allora ogni cucina faceva a sé e guai a confondere ma se cucinava Diana ce n'era sempre per tutti.

Questo è un periodo calmo per la Montagnola, i ragazzi sono grandi quasi tutti, noi, siamo ancora giovani e liberi visto che non ci sono bambini ma, di nuovo arriva un brutto momento.

Il 26 Giugno 1991 muore papà. Il dolore è grande, non sono più figlia. Da quando è mancata la mamma, otto anni prima, papà è stato ad Acqui con noi e ci ha dato tanto. Era il mio segretario, mi ha insegnato a tenere in ordine documenti, fatture, mi faceva tante commissioni, mi ritagliava articoli di giornale che potevano interessarmi ed io non li leggevo mai, come me ne pento, io adesso faccio la stessa cosa. Con le bambine è stato prezioso, lui era la loro banca, ritirava i loro risparmi e dava interessi esorbitanti e poi scriveva l'estratto conto a macchina e glielo faceva trovare nella cassetta della posta, loro si sentivano molto importanti.

Ci ha parlato sempre della guerra che aveva combattuto, sappiamo tutto di El Alamein e della seconda guerra mondiale. Era così orgoglioso delle sue decorazioni civili e militari che le ha volute ,appuntate su un cuscinetto rosso, sulla sua bara. Naturalmente mi ha lasciato scritte le istruzioni per il suo funerale ed anche la foto da mettere sulla tomba! Ci ha insegnato a vivere. Grazie papà. E' triste non vederlo più seduto in poltrona sul terrazzino d'ingresso nel posto che era stato già del nonno Carlo, ora c'è la zia Fanny ogni tanto, quello è il posto del più anziano.

Titti, Dany, Roby, Michi, Linda, Giorgio, Laura, Claudia e
Nicola

V GENERAZIONE

Della quarta generazione cresciuta alla Montagnola la prima a mettere su famiglia e a dare inizio ad un altro ciclo è stata Daniela, la più tranquilla, silenziosa, dolce e determinata della famiglia Traversa. Daniela ha sposato Alessio Dufour un ragazzo fantastico come lei con cui ha formato una deliziosa famiglia da prendere ad esempio in ogni occasione. Non è stata solo fortuna per loro, hanno lavorato sodo e si sono sacrificati molto per crescere bene i loro figli che sono ancora ragazzini, ma "il buongiorno si vede dal mattino"! Prima è arrivato Pio, bambino dolcissimo. Ricordo una sera, prima di cena, Mario è alla finestra della nostra camera, e mi chiama per farmi vedere la scena: Pio aveva 2 anni, era seduto sotto i pini su una seggiolina rossa a sua misura e raccontava una storia all'enorme cane lupo del nonno Gianfranco che stava accucciato accanto a lui con il muso fra le zampe! Non lo dimenticherò mai, camminava per il giardino e il cane lo seguiva ovunque,erano alti uguali! Dopo due anni sono arrivati i gemelli, Alessandro e Federico, e io e Diana facevamo a gara al mattino per andarceli a prendere appena svegli e giocare un po' come con le bambole! In realtà Pio è stato l'unico a godersi la Montagnola perché presto Alessio e Daniela hanno cominciato ad andare a Voltaggio, in casa della mamma di Alessio,

dove c'erano altri bambini e quindi hanno un po' perso il giro. Ancora oggi Daniela viene a trovarci quando siamo lì ma non si ferma, i suoi figli sono più grandi degli altri cuginetti ed hanno amici altrove. Per loro io sono la zia Marisa "quella degli adesivi sul frigo", si gli adesivi sulla porta del mio frigo che hanno sempre destato l'attenzione e la voglia di toccarli di tutti i bambini della Montagnola e che io ho difeso strenuamente anche se non sempre con successo!

In questo periodo si sono avvicendati vari fidanzati e fidanzate dell'una e dell'altro e una volta che erano tutti lì abbiamo anche fatto una delle nostre foto sul pozzo ma di tutti quelli della foto nel tempo è rimasto solo Alessio che era già marito....

Abbiamo deciso di aspettare di essere molto più sicuri prima di fare altre foto di gruppo con estranei!!

Passano sette anni perché Tiziana si decida e sposi il 10/6/2000 Paolo Lastrico altro fantastico ragazzo detto "la Perla".

Questo soprannome deriva dal fatto che Paolo sa fare qualunque cosa, aiuta con cervello, vede cosa c'è da fare e lo fa prima che qualcuno glielo chieda, non si tira mai indietro e soprattutto lo fa pensando che sia giusto così e non si sente una vittima.

Naturalmente gli altri maschi di casa lo prendono un po' in giro sperando che la smetta di far fare a tutti delle brutte figure ma lui, con molto spirito e intelligenza, se ne infischia e rimane se stesso. E' una persona deliziosa che io stimo moltissimo. Nei sei anni seguenti matrimoni e nascite si susseguono a ritmo serrato cambiando, ancora una volta, il volto della Montagnola.

Il 30 giugno 2001 è il turno di Laura e Luca. Luca è un ragazzo di Macerata, ingegnere, compagno di studi di Linda, è una persona intelligente, buona e di carattere, è allegro e amichevole e si integra benissimo o forse è così educato che manda giù quello che non gli piace. Questo il suo ricordo: *" Non sono in grado, ad oggi, di inserirmi nelle memorie di una splendida famiglia che ha messo radici così profonde intorno a quella casa. Mi ritengo già fortunato di poterne essere profondo conoscitore ma mai il mio pensiero potrebbe rendere giustizia, né le mie righe esprimere la nostalgia di non essere stato io stesso parte di questo magnifico groviglio di vera amicizia."*. Devo ammettere che io conto molto su Luca per il futuro della Montagnola, lui è un acquisto più recente ma è come se ci fosse sempre stato, so che le vuole bene.

A settembre dello stesso anno si sposa anche Michele con Silena. Forse un po' di corsa , Silena aspetta un bambino ed è benvenuta anche lei. Il 27 gennaio 2002 nasce Michelino e, dopo qualche mese, il 12 agosto arriva Davide di Paolo e Tiziana.

Dopo tutte queste gioie arriva di nuovo un momento terribile ed io lo vivo proprio alla Montagnola. Settembre 2002 Luca ha una tosse tremenda, tornato a Milano fa esami e scopre di avere un male terribile ad un livello molto avanzato. E' devastante per lui, per Laura, per la sua famiglia e per tutti noi che gli vogliamo un gran bene.

Ricordo che era domenica, tutti erano alla Montagnola e noi nel pomeriggio saremmo andati a Milano ad aspettare Luca, Laura, la mamma di Luca e gli zii per accompagnarli il giorno dopo allo IEO. C'era un sole magnifico, una grande tavola spostata davanti alla casa per goderselo, ho aiutato ad apparecchiare e a cucinare per stordirmi, non sono stata ferma un attimo poi, quando tutto era pronto noi, con lo stomaco chiuso, siamo partiti.

Sono stati quasi quattro mesi da incubo, lui è stato fortissimo, Laura si è rasata i capelli per solidarietà, Antonietta è stata eroica ed io ho cercato di fare tutto quello che potevo. Mario e Terenzio erano attoniti. Luca ha fatto capodanno in ospedale ed è tornato a casa il primo gennaio 2003 guarito! naturalmente la certezza l'ha avuta più tardi quando è andato ad Indianapolis e quando i controlli l'hanno confortato.

Per festeggiare la guarigione di Luca abbiamo fatto una festa in taverna con tutta la truppa della Montagnola, sono venuti anche Giorgio e Claudia da Roma e questo mi ha dato di nuovo la certezza che la nostra grande famiglia è così unita e affezionata proprio perché esiste la casa della Montagnola.

Il 2003, anno cominciato così bene , si guasta subito. Anche Cilla ha qualcosa di brutto. Le viene diagnosticato un Linfoma di Hogkins, un tumore del sistema linfatico che tenteranno di curare con una durissima chemioterapia. La vedrò soffrire terribilmente, ma è la prima volta e c'è anche la speranza. Sembrerà guarita a fine giugno, si ricomincia a vivere ma, purtroppo, ci saranno altre due ricadute negli anni seguenti.

Il 2003 si conclude a dicembre con il matrimonio di Roberta e Alberto.

Alberto Risolo è un ragazzo molto simpatico, brillante, sempre in moto, intelligente e vivace e si integra benissimo anche lui. Anche Roberta aspetta un bambino e Tommaso nasce il 20 maggio 2004. Siamo tutti felici ma vorremmo tanto una femmina a questo punto!! Siamo già a sei maschi ma per la femmina dobbiamo aspettare ancora un po'.

A luglio si sposa Linda con Alfredo. Alfredo è un bel ragazzo altissimo di Napoli, Linda l'ha conosciuto a Londra dove vive e lavora nel campo della finanza, è un tennista eccezionale ma non può giocare per un problema di anca a cui porrà rimedio anni dopo. Si sono conosciuti mentre lavoravano da Bloomberg, entrambi al primo impiego serio, lontani dalla famiglia come tutte le altre amiche straniere incontrate lì e, proprio per questo, molto amici ed uniti quasi a formare un'altra famiglia.

Ci hanno messo un po' a capire che il loro legame era più che amichevole.

Facciamo una bella festa per il loro matrimonio il 17 luglio, vengono tutti i ragazzi della Montagnola, anche da Roma, e si riuniscono proprio lì, nel giardino di sempre, si ritrovano di nuovo per colazione, festeggiano il giorno prima, il giorno stesso e il giorno dopo. Fiumi di birra, di vino, di ravioli e di caffè. Alfredo frequenta poco la Montagnola, lui non ha ferie nel periodo in cui andiamo noi, in genere passa un lungo week end ma il suo ricordo è simpatico e divertente, eccolo:

"Credo che le parole ispirate del sommo Fabio (vedi pag 128) mi ripaghino di anni, anni ed anni in cui, con severe accuse e per colpa di BA, ho rischiato di finire in giro senza panni....L'apparente indifferenza celava invece profonda determinazione a tener viva la storia del

120

convivio Montagnolese..., la storia del mitico spaghetto testimonia solo in parte il mio rispetto, lo racconto fiero ad ogni ignaro straniero..

Che mi ricordo? Io ricordo "l'allegria" che sene va... e Giò Giò che non mi voleva chiamare Papà...Certo mi ricordo pure di Gu Gu e qui lo ammetto:" Nun cì a facevo cchiu''!" Mario, Marisa, Linda e...e tutti i cugini orsu' senno' fenimm' a chi' song io e chi si tu'!

In ogni storia ognuno scrive, dichiara e racconta e la retorica non basta mai, io semplicemente ti dico:

"Montagno' te' voglio bene assaj!".

Se vuoi allegria passa da Napoli o dalla Montagnola!!

Siamo felici ma abbiamo un terribile pensiero.

Siamo tutti ad Acqui mancano solo Diana e Bruno. Diana accusava dolori forti già a giugno mentre eravamo insieme a Londra, era rientrata in anticipo proprio per questo.

L'hanno operata il 13 luglio, aveva un terribile tumore al colon, eravamo tutti là Bruno, i ragazzi , Cilla, Iri, io quando è uscito il chirurgo e ci ha letto la condanna. Avrebbero provato a curarla, avevano tolto il più possibile, ma la situazione era molto grave. Lei è stata fortissima, noi meno. Diana era una donna bellissima, assomigliava molto a suo padre, quel tocco orientale le donava enormemente, anche la zia e Iri sono molto belle. Era intelligente, curiosa, non aveva potuto studiare molto da ragazzina, ha cominciato a lavorare presto, ma ha rimediato egregiamente leggendo e studiando tutta la vita. Era appassionata di arte e letteratura, materie che aveva approfondito, ma era curiosa di tutto, anche di materie scientifiche, spesso mi chiedeva qualche spiegazione. Era vivace, allegra, rumorosa, sempre pronta a giocare e a fare scherzi,aveva uno spirito eclettico, cucinava stupendamente, dipingeva (famosa la porta sulla quale ha dipinto le sagome di Michele e Nicola con il pallone), cuciva. Personalità forte, di quelle che condizionano chi vive accanto, qualche volta anche troppo, ma lei era così, nel bene e nel male. Mi manca sempre tanto.

Ha molto sofferto durante l'inverno seguente, lei e Cilla si telefonavano spesso e parlavano dei loro malanni. Cilla soffriva per la prima recidiva del Linfoma di Hogkins ed era anche lei sotto chemioterapia, cercavano perfino di essere spiritose, dicevano di essere privilegiate perché non pagavano i farmaci!

Diana non ce l'ha fatta. L'ultima volta che l'ho vista era a fine aprile, era a letto, si è alzata, abbiamo fatto una partita a burraco e poi ha voluto venire al ristorante con noi e Gianfranco e Iri, il solito Ippogrifo, il suo viso pallido e sorridente, truccato e sofferente. Io sono poi partita per Londra perché doveva nascere Giovannino, era il mio primo nipotino, un'emozione che non dimenticherò mai.

Giovanni è nato il 5/5/2005 e l'11 Iri mi chiama e mi dice che per Diana non c'è più niente da fare. Parto immediatamente, arrivo alle dieci di sera e Diana muore poco dopo mezzanotte.

E' stato ed è un grande dolore, per tutti.

Proprio alla Montagnola la mancanza di Diana è stata determinante, lei amava molto quella casa e Bruno amava la campagna e ci veniva volentieri. Mancando lei siamo rimaste io e la zia Fanny a far da colonne, Iri la subiva per il piacere di stare insieme. Anche la zia sono diversi anni che non viene alla Montagnola, è un po' che non è più nelle condizioni di essere trasportata.

Nel mentre, ad aprile 2005, arriva finalmente la prima bambina della nuova generazione, è Elena, di Paolo e Tiziana, grande festa, al battesimo aggiungeranno il nome Diana.

Ormai ci abbiamo preso gusto e un'altra bambina arriva il 9 giugno, è Cecilia di Luca e Laura si chiamerà Cecilia Diana. Prima della nascita di Cecilia sono volata a Roma, Cilla sapeva già di Diana era addolorata e sofferente, sotto trapianto di staminali, non dimentico il suo dolore. Sono un po' frastornata, sono felicissima per i miei nipotini ma il dolore per Diana e la sofferenza di Cilla non mi abbandonano.

Da quest'anno cambia il periodo di frequentazione della Montagnola, ci andiamo a luglio. Linda lavora già dal 1999 in azienda con Mario e quindi lascia Giovannino a me e va in ufficio. Laura arriva con Cecilia, è ancora in congedo di maternità e poi lei lavora da casa. Mi trovo con due carrozzelle in giardino che non scivolano sulla ghiaia e i bambini che piangono a turno! Si sta bene a luglio in campagna, se ne accorgono anche gli altri e quindi arriva anche Silena con Michelino, Tiziana ed anche Roberta fa capolino con Tommaso. Magari stanno pochi giorni ma vengono e si accorgono che per i bambini è l'ideale. Cambia un po' l'organizzazione, su proposta di Silena e Tiziana facciamo cassa comune, spesa comune, cucina comune. Io ne sono felice, è tutto più semplice anche se "semplice" è una parola grossa! Bisogna fare pappe per i bambini, i poppanti poppano per fortuna ma sempre all'ora sbagliata, pietanze per gli adulti, mettere tavola per i grandi dopo aver fatto mangiare i bambini, rispettare gli orari di chi va a lavorare (Mario e Linda), aspettare chi è andato a far la spesa ecc.

E c'è anche la musica quindi ogni tanto ci mettiamo a ballare!! Quell'anno ci torniamo anche qualche giorno a Settembre. Il 22 settembre nasce Francesca di Michele e Silena, la terza femmina! Questo 2005 ha prodotto 4 bambini!

Cilla sta di nuovo bene ma vivrà sempre nel terrore di una ricaduta. Bruno fa finta di vivere ma in realtà sopravvive alla mancanza di Diana. Un giorno mi ha detto " Io ho avuto Diana, con lei ho avuto tutto, ora devo solo invecchiare dignitosamente".

Purtroppo Bruno ha dato subito segnali di confusione mentale diagnosticata poi come malattia di Alzheimer. E' stato terribile assistere al degrado di una persona così intelligente e amante della cultura come era lui, lo è stato soprattutto per i suoi figli che hanno perso la mamma in un attimo e il papà lentamente, lo è stato per tutti noi che gli abbiamo voluto bene. Per alcuni anni Bruno è ancora venuto alla Montagnola con Michele, a lui piaceva molto. Nel 2006 c'è un'altra infornata di nascite: Margherita a marzo, Giulia ad agosto e Tobia a dicembre. A maggio si sposa Giorgio con Benedetta, andiamo tutti a Roma. E' un anno in cui si va alla Montagnola solo un week end a Settembre.

Da marzo Mario e Linda sono fuori dalla Pompe Garbarino. E' il primo "tsunami" che si abbatte su di noi, quello che non passerà mai, che farà sempre male, moralmente e fisicamente. Dobbiamo viverlo e tentare di assorbirlo, impresa disperata ma obbligatoria. Linda è incinta di Giulia e a luglio non può viaggiare, ad agosto andiamo noi a Londra ad attendere il parto. Giulia nasce il

13 agosto ed io rientro l'8 settembre proprio per passare il week end alla Montagnola.

So che se stiamo un anno senza andare può diventare normale ed io non voglio. Se non andiamo noi Garbarino gli altri nicchiano e allora mi muovo e facciamo questo week end, meglio di niente. Certo io sono una testona ma devo dire che spesso la mia testa dura ha dato i suoi frutti.

L'anno dopo eravamo tutti alla Montagnola a luglio. Sono stati anni un po' faticosi quelli dei bambini piccoli, la Montagnola sembrava un nido! C'erano quelli sulle sdraiette, quelli che cominciavano a camminare e bisognava aiutarli, quelli di 2/3 anni che facevano capricci, biberon, merende, pappette, pastine, pannolini, lenzuolini, pipì a letto, culle e lettini e un mucchio di bucati da stendere e raccogliere (questo anche adesso!)

Insomma una baraonda, le amiche ascoltavano incredule i miei racconti, io ero sfinita ma felice. Questa era vita, vedere il futuro che si materializzava ogni giorno, con fatica e sacrificio ma anche con allegria e sensazione di festa continua. A giugno 2007 si sposa anche Nicola con Ilaria. Siamo contenti, Nicola ci sembrava

un po' sbandato da quando non c'era più Diana, ora siamo più tranquilli anche per lui.

Quando i bambini cominciano a crescere, abbandonano almeno i pannolini e mangiano da soli e a noi sembra possibile prendere fiato ecco un'altra novità: il 18-5- 2010 nasce Celeste, la piccola di Laura e Luca! E' una bambina meravigliosa con due grandi occhioni neri e ci manda in visibilio. Mario la fa sempre ingelosire raccontandole di un'altra bambina di nome Azzurra che gli vuole più bene di lei, lei non sa se crederci ma la cosa la incuriosisce molto. Ha la specialità di scambiare le sillabe e parla in maniera molto buffa e simpatica. Purtroppo impara presto a correggersi. Noi ce la godiamo finalmente, i primi quattro nipotini sono nati in 18 mesi e non abbiamo avuto il tempo di guardarne uno che l'altro aveva già qualche necessità, Celeste ci ripaga e noi abbiamo più tempo per coccolarla. E' simpatica e molto sveglia.

Sembrava che andasse tutto bene ma non bisogna mai fidarsi....

Arriva agosto delle stesso anno e un fulmine a ciel sereno: Silena vuole separarsi da Michele. E' la prima volta che capita nella nostra famiglia, siamo sconvolti. Silena si era integrata benissimo nel nostro gruppo, a me piaceva, non mi aspettavo una presa di posizione che si è poi rivelata ferma e inderogabile. E' stato un grosso dispiacere. Michele si è totalmente chiuso in se stesso, addolorato ed impotente di fronte alla fermezza di Silena. Ho comunicato con loro per e mail, spesso lei mi chiamava o mi scriveva perché facessi da tramite con Michele e Michele, che si nascondeva a tutti, con me comunicava e mi dava le sue spiegazioni. Ero commossa per la fiducia e l'affetto che mi dimostravano entrambi. E' stata dura per lui accettare la situazione e trovare il modo di farla funzionare, come in tante separazioni c'è voluto tempo per ammortizzare il dolore e la rabbia.

Tutto si supera anche se a caro prezzo. Ed anche in questa occasione il fatto di essere una grande famiglia ha dato i suoi frutti, Michele non è mai stato solo, le cugine l'hanno cercato, hanno avuto pazienza, hanno trovato il momento giusto per ascoltarlo o per aiutarlo con i bambini, gli sono state vicine con quell'affetto che nasce dall'essere vissuti insieme sin da piccoli in una grande casa come la Montagnola. Intanto Bruno peggiorava, malato di Alzheimer ormai da tempo diventava sempre più evanescente. Sempre gentile e sorridente, sempre un signore nei modi ma con lo sguardo un po' perso. E' triste vedere un uomo intelligente e colto come lui perdere memoria e concentrazione al punto di non poter seguire alcun discorso, di non avere concezione del tempo e del luogo. E' venuto un'ultima volta alla Montagnola nel 2012 poi non è stato più possibile spostarlo ed è mancato a giugno 2014 . Ho provato un grandissimo dolore, è vero che lui non c'era più da tempo ma la sua morte è stata come ribadire anche quella di Diana in maniera definitiva ed io non mi ci sono mai rassegnata. Anche la zia Fanny non viene più da anni alla Montagnola, da quando non è stata più autonoma nei movimenti ha dovuto rinunciare, con dolore. Per tanto tempo ha continuato a dire che il suo unico desiderio era tornare qualche giorno ad Acqui, purtroppo non è stato possibile accontentarla. Ora non lo chiede più, non si ricorda più, è lì, nel suo letto, guarda il soffitto e fa sogni strani, quest'anno ha compiuto100 anni! E' una roccia ma fa male vederla così e ricordare la donna che era. Da cinque o sei anni ormai facciamo vacanze alla Montagnola a luglio con i nostri 9/11 bambini e altrettanti adulti. E' quasi una colonia. Nel 2011 festeggiamo in particolare i 40 anni di Linda e Luca. Facciamo una bella festa in giardino, il tema è il bianco e tutti sono vestiti in bianco, l'effetto è magnifico, il giardino è agghindato con luci e fiori, c'è la birra alla spina e una griglia gigante, tanta gioventù e allegria. Vengono anche Giorgio , Benedetta , Claudia e Fabio da Roma, ci sono di nuovo i nostri ragazzi tutti insieme rifacciamo la foto sul pozzo come quando erano piccoli, sono belli come allora, mi commuovono, io sono l'unica a godermeli.

Questo il ricordo di Fabio: *"La Montagnola mi ricorda una serata magica dove tutti di bianco vestiti.....fino all'alba ci siam divertiti....Ubriachi eleganti perfetti..con Alfredo che ci ha fatto pure gli spaghetti!"*

Per l'occasione ho portato i sette bambini presenti a dormire a casa mia con due baby-sitter e pizza per tutti! E' luglio, ancora un'estate spensierata se non ci fosse la terza ricaduta del linfoma per Cilla . Lei reagisce malissimo, l'idea di affrontare di nuovo la chemioterapia e tutta la sofferenza che questa comporta la fa impazzire, siamo disperati. Cilla piange, dice che non ce la può fare, ma poi l'amore di Tony, di Giorgio e di Claudia le danno la forza e di nuovo affronta quel calvario che già conosce e che si sopporta sempre peggio. Ad agosto vado una settimana ad Anzio per starle vicino, è molto debole ma so che ce la farà ancora una volta. Le prometto di tornare a settembre. Prenoto un volo per il 12 settembre ma l'11 notte arriva un altro "tsunami". Mario ha una dissecazione dell'aorta, può essere fatale ma lui è una roccia, resiste. Lo operano ad Alessandria, l'intervento è rischioso, dura ore, intanto arriva Linda da Londra, Laura è già con me. Va tutto bene, potrebbe uscire dopo una decina di giorni ma una serie di infezioni e nuova dissecazione della giugulare fanno si che debba subire sei interventi chirurgici, un coma farmacologico con conseguenti difficoltà di risveglio ed una lunga riabilitazione. In tutto cinque mesi di ospedale terminato con una colica biliare. Torniamo a casa il 14 febbraio pieni di speranza e di voglia di ricominciare a vivere. Nel mentre Cilla si è ripresa completamente ed è venuta con Tony a passare il capodanno con noi in ospedale. Per noi è riconquistare la vita tutti i giorni, ci vogliono ancora mesi per arrivare a sentirsi normali, è un po' come se ci avessero rubato un anno di vita ma, proprio per questo apprezziamo ogni conquista, le cose più semplici diventano gioia e ci ritroviamo di nuovo a luglio alla Montagnola a festeggiare con i Bellini di Michele. Mario ha contestato la Montagnola per anni, quando lavorava mal sopportava l'aria di festa e la confusione, era l'unico uomo ,oltre a mio padre, durante la settimana e non tollerava i nostri orari e la nostra organizzazione. Il suo malumore è stato spesso causa di litigi e dispiaceri, non capiva lo spirito di quel tipo di vacanza, non riusciva a farne parte e si sentiva trascurato. Ho tenuto duro, ho sopportato, ho litigato ed ora anche lui ama questa casa e l'atmosfera che si respira. Da quando ha potuto viverla con tempo e con calma ne ha apprezzato tutti gli aspetti ed il tempo che passiamo qui è diventato la vacanza più bella. Questa è la sua testimonianza:

MARIO: *"Della nostra generazione, per un motivo o senza, nessuno ha dato un aiuto a Marisa, lo faccio io anche se non sono il più degno. Sono un voltagabbana come certi personaggi politici poco seri e per niente simpatici. Il primo impatto con la Montagnola è stato*

negativo soprattutto quando lavoravo. Non sarebbe stato
un guaio se le nostre signore non fossero state tanto vivaci
e rumorose. Il clima non era sempre il più idoneo, almeno
per me. Poi con il passare degli anni la vivacità e il
rumore dei figli e dei nipoti sono diventati una musica
necessaria, creando un'atmosfera particolarmente
gioiosa.

Ricordi tanti! Alcuni buffi. In una giornata piovosa di
settembre, rientrando dal lavoro, apro la porta a vetri e
cosa trovo? Mia suocera e la zia Fanny che ballano il
valzer! Feci un sorriso di circostanza, ora mi fa tanta
tenerezza..e poi gli scherzi, talvolta anche pesanti,che
facevamo con Diana e Gianfranco, ora mi fanno
nostalgia...c'era Diana! E poi, e poi...Potrei raccontare
all'infinito perché la Montagnola fa vivere e abbraccia e
ci si vuole bene, anche nel raro silenzio, sorseggiando un
perfetto Bellini del barman Michel'Angelo"

E' bello vedere arrivare i bambini felici di ritrovarsi,
scendere dalla macchina e immediatamente sparire con gli
altri al campetto. Da qualche anno faccio dire una messa a
Lussito a luglio per i miei genitori e per Diana, quest'anno
ho chiesto di nominare anche i miei nonni e Bruno, è
diventata la messa della Montagnola. Io avverto lasciando
ovviamente tutti liberi di partecipare, lo faccio per me.
Quest'anno sono venuti tutti. E' stato commovente vedere

entrare in chiesa tutti questi bambini e i loro genitori e poi trovarci al cimitero con affetto, con allegria, con il desiderio di stare anche con coloro che non ci sono più ma che hanno lasciato il segno nei nostri cuori.

Nel 2012 c'è un altro grosso avvenimento: ad ottobre nascono Pietro e Guido, i gemelli tanto desiderati di Giorgio e Benedetta, loro non sono mai venuti alla Montagnola ma, chissà, noi speriamo ancora di poter fotografare anche loro sulla scaletta del pozzo. Ancora un anno e l'ultima single del gruppo, Claudia, si sposa con Fabio nel 2013. Fabio è un ragazzo pugliese delizioso, intelligente, simpatico, allegro, vorremmo vederli più spesso ma sono un po' lontani e un po' pigri come tutti i romani.

Hanno partecipato alle feste importanti della famiglia perché vogliono bene ai loro cugini ma, purtroppo impegni e lontananza impediscono frequentazioni più assidue. Anche perché ad aprile 2013 nasce il loro piccolo Filippo, l'ultimo nato della Montagnola e della quinta generazione….sarà l'ultimo? Io spero di no….aspettiamo.

Il 2014 porta anche una triste novità, anche Nicola e Ilaria si separano. Rimaniamo molto sorpresi, sembrava che stessero bene insieme, erano affettuosi tra di loro e con noi e poi…..è finita senza drammi e senza conseguenze. Non avevano figli, è stato più facile ma sempre fonte di amarezza.

Qualcosa si disfa e altro si ricompone e così ,sul palcoscenico della Montagnola, compare un nuovo personaggio: dolce, riservata, graziosa, gentile e disponibile ecco Paoletta ! Arriva con Michel'Angelo, è garbata e intelligente, si inserisce nella comunità senza strappi, quasi cercando di non farsi notare, sicuramente con molto tatto. L'accogliamo con piacere e già cominciamo a volerle bene.

Tutti a tavola come sempre

Uno dei tanti aperitivi e c'è anche Michelino

2003 c'è anche Davide

Il cortile dove si mangia fotografato dal terrazzino

Alberto, Alfredo,Paolo, Luca, Michel'Angelo, Bruno, Mario,
Gianfranco, Octavio

Pio, Federico, Alessandro, Michelino, Davide, Tommaso, Elena, Giovanni e Cecilia 2005

Bagno di gruppo: Francesca, Cecilia, Margherita, Giulia e
Michelino

Pio con Margherita, Federico con Elena, Michelino con
Francesca, Tommaso, Alessandro con Davide e Cecilia

La sabbiera

Aperitivo

Sulla panchina: Pio con in braccio Tommaso, Federico, Davide, Alessandro. A terra da sinistra: Cecilia, Giovanni, Elena. In finestra Fanny.

Sulla scala dall'alto: Alessandro e Federico, Michelino, Davide,
Giovanni; Tommaso, Elena .
A terra da sinistra: Margherita, Tobia, Cecilia, Giulia

Pietro e Guido

Caudia e Filippo

Celeste sul pozzo su cui non si può salire

I nostri ragazzi sulla scala e sotto con mogli e mariti in occasione la festa per i 40 anni di Linda e Luca (2011)

LA VITA CONTINUA

Alla Montagnola è sempre festa, la giornata si conclude prima di cena con l'aperitivo che prepara Michel'Angelo (era Michele ma ora lo chiamiamo così per distinguerlo da suo figlio) ,il Bellini o il gin and tonic, che certe volte dura fino alle 9 e dopo cena, con una partita a bocce a cui ormai partecipano anche i bambini.

Abbiamo sempre giocato a bocce, c'è addirittura un vero campo dietro la casa, ora un po' invaso dall'erba. Abbiamo delle belle bocce vecchie che erano ancora di mio nonno Carlo, lui era proprio appassionato di questo gioco. Noi giochiamo davanti alla casa ma quest'anno sistemiamo di nuovo il campo dietro la casa. Ora i bambini sono cresciuti e le attività alla Montagnola cambiano.

C'è il campo da calcio di là dalla strada che è sede di partite con padri e figli ed anche di altri tipi di giochi che vengono chiamati "olimpiadi" se sono sportivi o "giochi senza frontiere" se sono scherzosi e lì c'è proprio da ridere, Laura è molto brava ad organizzarli. Una volta ha organizzato la squadra ecologica: ha dato a tutti un guanto, un sacchetto e un cartellino col nome e li ha portati a far pulizia sulla strada fino alla fonte dell'acqua marcia. Ognuno, molto fiero, ha riempito il suo sacchetto e l'ha

146

buttato nell'apposito cassonetto. Linda invece ha portato da Londra le decorazioni per le cup-cakes ed hanno passato un pomeriggio a farle. Poi non le hanno neanche mangiate, era più divertente farle che mangiarle!

Linda organizza i corsi di tennis, giocano al campo dei bagni, lo stesso in cui giocava Mario 50 anni fa, e, certe volte, tornano a casa a piedi da soli! Mi fa un certo effetto, sono già grandi. Anche i grandi giocano a tennis, ci sono sfide continue con risultati alternati. Michele invece organizza spedizioni nei frutteti, i bambini raccolgono la frutta dalle piante tanto perché sappiano che la frutta non nasce già incellofanata come al super mercato! E intanto compra cassette di albicocche con cui io faccio la marmellata, anche questa è diventata una tradizione.

Qualche volta vanno anche in un posto in cui allevano caprette e fanno le formaggette. Tutto per avvicinare alla natura questi bambini di città. E poi i bambini fanno le capanne con gli stracci e le canne e tutti i giochi che abbiamo fatto noi prima e i loro genitori dopo, la storia si ripete tale e quale e la Montagnola guarda , scricchiola, si stiracchia, sorride e…aspetta la prossima generazione.

La Montagnola è una festa continua che abbraccia genitori, figli e nipoti e così non finirà mai.

Le partite di calcio al campetto

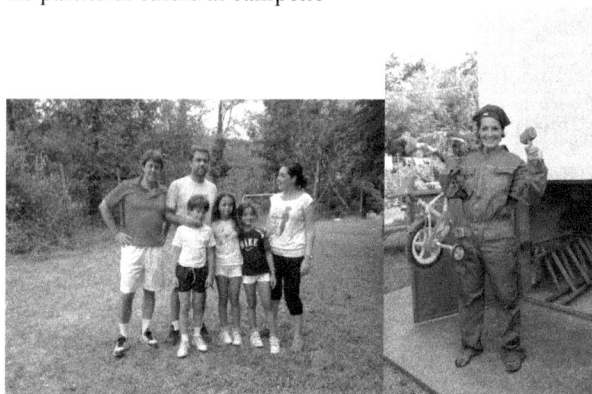

Laura riordina la "stanza dei ragni"

**Quest'anno la Montagnola compie 90 anni.....auguri e
grazie di tutto!**

APPUNTI